# 产权的秘密

# Mystery of Property Rights

## 产权的秘密

在我国，一般认为产权是指民事权利主体所享有的具有经济利益的权利，包括以所有权为主的物权、债权、继承权和知识产权等，是一定社会的物质资料占用、支配、流通和分配关系的法律表现。

# 产权的秘密

Mystery of Property Rights

洪德 著

成都时代出版社

**图书在版编目(CIP)数据**

产权的秘密／洪德著．—成都：成都时代出版社，2009.6（2011.2重印）
ISBN 978-7-80705-909-7

Ⅰ.产… Ⅱ.洪… Ⅲ.农村-产权-经济体制-研究-中国 Ⅳ.F321.3

中国版本图书馆CIP数据核字（2009）第083549号

# 产权的秘密

*ChanQuan De MiMi*

洪 德 著


| | |
|---|---|
| 出品人 | 秦 明 |
| 责任编辑 | 段 英 |
| 责任校对 | 干燕飞 李亚林 |
| 装帧设计 | 经典记忆 |
| 责任印制 | 莫晓涛 |
| 出版发行 | 成都时代出版社 |
| 电 话 | (028) 86619530 (编辑部) |
| | (028) 86615250 (发行部) |
| 网 址 | www.chengdusd.com |
| 印 刷 | 四川锦祝印务有限公司 |
| 成品尺寸 | 170mm×250mm 1/16 |
| 印 张 | 13.25 |
| 字 数 | 260千 |
| 版 次 | 2009年6月第1版 |
| 印 次 | 2011年2月第2次印刷 |
| 书 号 | ISBN 978-7-80705-909-7 |
| 定 价 | 28.00元 |

产权的秘密
Mystery of Property Rights

产权类型的划分可从产权概念的外延和内涵两方面考虑。以产权的外延为划分标准，产权类型可分为公有产权和私有产权、企业产权和个人产权、法人产权和自然人产权、原始产权和派生产权等。以产权的内涵为划分标准，产权类型可分为所有权、他物权、债权、知识产权和人力资源权等。

# 序

# Preface

早就听说成都在进行农村土地产权试验和城乡统筹的改革，然而，此次阅读了洪德先生所著《产权的秘密》一书，才对成都改革的成就有了更深入的了解。洪德先生作为成都改革的亲历者，他在这本书中给我们提供了成都的崭新经验，生动地展示了成都在城乡统筹试点工作中，对农村产权改革的探索。我们看到，成都在进行农村产权改革的同时，还启动了社会保障、就业和公共服务等社会建设，以及在实践中推进了农民自主参与的民主模式。洪德先生所阐述的以产权改革为切入点的城乡一体化改革，将农民的积极性和活力焕发出来，带来了整个农村社会的进步，这对于农村的可持续发展异常重要。

改革开放以来，我国经济总量有了突飞猛进的发展，但是，“三农”问题、巨大的城乡差距一直是制约经济社会协调发展的巨大难题。历史经验告诉我们，解决这些问题的最终途径，肯定是走城市化、城镇化的道路。上世纪90年代中后期以来，我国的城市化、城镇化进入高速发展期。近年来，中央提出“城乡统筹”的思路，力图破除横亘在城乡之间的障碍，实现城市和农村的平衡发展。但是，体制的问题错综复杂，涉及社会保障、经济收入、劳动力就业、公共服务等各个方面，如何统筹、从何入手呢？

记得德·索托在《资本的秘密》一书中指出：欠发达国家落后的一个重要原因是没有将僵化的资产转化成流动的资本。作为成都市农村产权制度改革试点工作办公室主任的洪德先生，以他亲身的实践告诉我们：中国农村落后的重要原因之一在于房屋、耕地和林地等产权不明确、不能流动，城乡分立的原因之一在于城乡产权体系的差异，实现城乡一体化首先要做到产权一体化。洪德先生在书中阐释了产权改革对于农村整体经济社会发展的八大“秘密”，指出了导致农村资产僵化的制度屏障。按照这种盘活资产的新思路，我们不仅能够为进城务工的农民和因开发征用而失去土地的农民探寻发展的新道路，而且可以为仍然留在农村的农民和农村土地建立起统筹发展的新机制，动员起农村自身的资源，由此实现我国的城镇化、城市化在新世纪的新发展。

我国区域之间巨大的发展差异决定了中国城市化模式应该是多元的而不是一元的。除了世界上其他国家和地区已经走过的城市群、城市带、大城市、中等城市和小城镇的城市化道路之外，针对我国的实际情况，本人还曾经提出过“乡村生活城市化”的模式，即把城市化视为一种新的生活方式，乡村仍然保留，但农民的就业、生活及休闲等都与城市中的生产生活方式没有本质区别。洪德先生在书中展示的成都经验告诉我们，笔者的上述设想是可行的。成都经验从农村产权流转入手的系统改革，为实现此种新模式提供了可以操作的实践程序，特别是为相对落后的西部地区提供了新的选择，让农民不必离乡，在自己的土地上就可以过上城市文明的生活，使得广大城乡可以共享改革发展的成果。

本书不仅阐明了当今的改革，而且还能上溯民族的历史，从“井田制”、“授田制”谈起，纵论古今，足以显示作者博古通今的知识素养。洪德先生在成都长期从事政府部门的管理工作，他懂政策，有实践经验，善于思考，且好读书，人才难得。几年前，我在承担成都城市发展战略的课题时，与洪德先生相识，并成为好友。在接触中深感他待人诚恳，工作中充满活力，对于成都的历史现状不仅了如指掌，而且对于天府成都有一种真诚的挚爱之心。他曾经撰写过有关成都城市发展和成都文化的专著，我曾拜读过，也是获益匪浅。此次在他撰写的新作中，再次展现了他实践的优势、理论的优势和知识的优势，能够将三者结合，相信读者一定会喜欢。

清华大学人文社会科学院院长　李　强

2009年5月1日于清华大学蓝旗营小区

# Preface

产权是什么？很多人都知道。可是，产权隐藏了哪些秘密？在什么样的条件下才能充分发挥其作用、实现其权能、成为名副其实的产权？特别是农村的产权状况如何、是否与社会主义市场经济相适应？怎样建立健全农村的产权制度？对于这一系列问题，知道的人恐怕就不多了！

弄清楚以上问题，对于做好农村工作，尤其是破解“三农”问题，推进城乡一体化，真正实现党的十六届四中全会提出的建立健全与社会主义市场经济相适应的产权制度，都至关重要。

作者不揣冒昧，试图通过本书与读者探讨以上问题。

# 目录 Contents

## 第一章

## ▶ 历史的天空

井田制——最早的“土地承包责任制” ………………………… 2
授田制——从此确立土地私有制的主导地位 ……………………… 3
“私下成交”——土地交易制度缺失下的地权买卖 …………… 5
均田制——保障农民的安身立命之本 ……………………………… 6
不抑兼并——加速了封建国有土地向私有转化的进程 ………… 8
鱼鳞图册——中国土地史上最早的产权证书 ……………………… 11
永佃制——私有制下土地流转的成熟范式 ………………………… 12
田产均耕——废除土地私有制的理想主义 ………………………… 14
“耕者有其田”——未能实施的平均地权梦想 ………………… 15
红色土地革命——革命胜利的基石 ………………………………… 17
“保护地主私有财产”——统一战线选择下的温和变革 ……… 19
“土地改革”——圆梦“耕者有其田” ………………………… 20
土地私有制下的互助经济——新中国成立初期农民的幸福生活 22
入社自愿，退社自由——初级农业生产合作社带来的幸福时光 24
“人民公社好”——风干的记忆 …………………………………… 25

包产到户——小岗村的第二次土地革命 …………………………… 28
“两个飞跃”——科学的发展观 …………………………………… 33
古代中国的强盛源于与之相适应的产权制度 ……………………… 35
关于“李约瑟难题” …………………………………………………… 36
产权制度的建立成为经济发展的秘笈 ……………………………… 40

## 第二章
## ▶ 产权的秘密

认识产权 ………………………………………………………………… 47
秘密之一——市场经济发展的基石 ………………………………… 55
秘密之二——破解“三农”问题的关键 ……………………………… 59
秘密之三——财富的“身份证” ……………………………………… 69
秘密之四——构建和谐社会的基础 ………………………………… 72
秘密之五——增进社会诚信体系建设的关键因素 ………………… 80
秘密之六——构建制度反腐的关键抓手 …………………………… 83
秘密之七——农民利益的护身符 …………………………………… 87
秘密之八——耕地保护的制度性保障 ……………………………… 90

## 第三章
## ▶ 制度的力量


产权与产权制度 …… 97

产权制度决定经济绩效 …… 98

新民主主义革命成功的背后 …… 100

人民公社的产权制度迷局 …… 103

家庭承包制的产权力量 …… 105

转型时期的通变 …… 110

重点领域与关键环节的拷问 …… 118

城乡一体的产权制度力量 …… 125


## 第四章
## ▶ 财富的裂变


财富与资本 …… 131

农村僵化的资产 …… 133

丢失的财富 …… 133

财富回归的尝试 …… 137

农村资产资本化 …… 143

CONTENTS

## 第五章

## ▶ 实践的探索


农村产权制度改革背景 …… 149

农村产权制度改革的关键点 …… 150

农村产权制度设计 …… 155

农村产权确权登记 …… 157

搭建农村产权流转平台 …… 169

创新耕地保护制度 …… 174

改革配套政策 …… 176

农村产权制度改革的实效 …… 178

改革要过市场关和民主关 …… 189

**写在最后** …… 191

**参考文献** …… 192

**后记** …… 198

one

# Chapter 1

## 第一章 历史的天空

LISHI DE TIANKONG

## 本章导读

中国封建社会和半封建社会经济实际上就是农业经济，农业始终是历朝历代立邦之本，农耕文化贯穿始终，绝大多数人口围绕着农业谋生存求发展。而农业生产依靠的是土地这一不可或缺的要素资源，因此，土地资源又成为了维系中华民族数千年农耕社会的命脉，也是构成这一社会经济形态产权制度的基本内容。同时，作为一种不可再生的自然资源，其稀缺性与农耕社会中“众望所归”的需求之间的矛盾最终必须通过对土地产权制度的安排来调节。土地产权制度的安排与实施，或推动或阻碍了历史前进的车轮，在逐步的调整和适应过程中，历史不断呈螺旋式发展，朝代的兴衰更迭也能在土地制度的变更中找到原因和表现。中国曾经领先世界长达数千年，但为什么到了近代，西方迅速崛起，中国却远落后于世界？除了众所周知的诸多原因以外，如果我们从产权制度这一视角来观察分析，会得到一个新的启示。

## 井田制——最早的“土地承包责任制”

“经界既正，分田制禄，可坐而定也。方里而井，井九百里。其中为公田，八家私百亩，同养公田，公田事毕，然后敢治私事，所以别野人也。此其大略也”[1]。从孟子对井田制的描述可以看出，这种土地产权制度安排从本质上讲是一种劳役分成的契约式产权，虽然还带有国家公有的性质，但已明显出现公有向私有转化的趋势。虽然“公田劳动”受到监督成本上升的影响，但“私田劳动”的效率是很高的，因此这大大促进了西周社会经济的发展，以至于西周经济代表了三代时期的最高水平。

夏商西周时代是奴隶社会，因此，其土地所有制是奴隶主所有制。《诗经·小雅·北山》中所说的“溥天之下，莫非王土；率土之滨，莫非王臣”，可以看成是对当时土地国有属性的高度概括。作为国家最高统治者的“王”或“天子”，对土地享有最高的所有权。周天子将土地和依附在土地上的人民分封给诸侯；诸侯国君在封地范围内又有最高的权力，这就形成了“封略之内，何非君土；食土之毛，谁非君臣”（《左传·昭公七年》）的格局。诸侯国君再将部分可耕地分封给卿大夫，形成卿大夫之家；各卿大夫之家，再将所属范围内的土地分封给士。这样，各级奴隶主贵族各自成为所受封地的实际占有者。他们世代相承，役使奴隶耕作，形成层层相属、大小不等、比较稳定的奴隶制经济单位。

井田制的核心特征是：不管是共同耕作的“公田”还是各个家庭耕种的“私田”，都只有使用权，而没有所有权。上级贵族一般又不能将直属下级贵族的“私田”任意剥夺、转让和收回，各级贵族作为凌驾于村社之上的所有者，其所有权又是不完整的。显然，对国家之外任何一级土地所有者来说，其所拥有的土地所有权都是不完全的。在井田制下，卿大夫以下的贵族所分得的田地，不经王室或公室的特许，是不得随意买卖转让的，这就是“田里不鬻”（《礼记·王制》），因而称为“公田”。“井田制”发展的早期，由于其对奴隶主、奴隶都提供了较大的内在化激励，适应了当时生产力的客观发展水平。这一时期的“井田制度”，是我国奴隶社会最基本的土地制度，也是奴隶制国家赖以存在的经济基础。

“井田制”把土地划分成一块一块的方田，将小块农田分给个别家庭，便于独立经营。在分配土地、计算封地大小时，保持均平，避免纷争，同时也便于监督奴隶劳动。这种由早期自然环境发展而来的农田布局，借重于个体家庭劳动，即“小农制”，有助于调动农民的生产积极性。以今天的视角来看，“井田制”又似乎是一种早期的“承包责任制”，它通过提供较大的内在化激励，调动了个体家庭的生产积极性，因此也是一种有效率的产权制度安排。

## 授田制——从此确立土地私有制的主导地位

秦国商鞅废除“井田制”，拆除井田的田界，推行军功授田制度，允许土地自由买卖，奖励农业生产，土地一经授予就不再收回，国家按亩收税作为财政的来源，从而废除了旧贵族赖以统治的经济基础。整个战国及秦朝都实行了这一土地产权制度，汉承秦制，刘邦称帝后立即昭告天下：“民前或相聚保山泽，不书名数，今天下已定，令各归其县，复故爵田宅，吏以文法教训辩告，勿笞辱。”[2]战国和秦朝的授田制，逐步确立起封建土地私有制。这一制度把农民从原来“公田劳役”束缚中解放了出来，充分实现了劳动者和生产资料的有效结合，激励了农民的生产积极性，大大促进了秦国农业和社会经济的发展，为秦的统一奠定了坚实基础。西汉的“授田制”，对土地的转让、继承、买卖作了相应的规定，使买卖规范化，私有化土地产权制度进一步确立。这种制度安排，在一定程度上解放和发展了生产力，有力地保证了汉初社会经济的恢复和发展。

战国中叶，商鞅先后于公元前361年和前356年两次变法，其核心是凭借国家政权的力量大规模推行“辕田”或“授田”，进一步强化自耕农和地主的土地所有权，从此确立了土地私有制的主导地位。尚未授给民户而由国家经营的土地和可耕荒地，则成为国有土地。“授田制”改革是在打破旧的村社小共同体和多级贵族所有制的基础上进行的，对原来已拥有份地的民户来说，授田是对其原占有田产的法律确认，对无地和少地的人来说，授田是把国有土地（主要是荒地）私有化。土地一经分配给民户，国家就失去了“开阡陌”的权力，即对授田疆界已不再拥有处置权。但是，土地产权结构的变化要经过国家“授给”这一不可缺少的环节。“授田制”实质上是中央集权国家对“溥天之下，莫非王土”的强调。

秦国“授田制”有明显的制度作为保障。一是国家政权对土地所有权进行保护：国家明令保护土地的私人占有，“民上无通名，下无田宅”，田宅的所有者必须在国家版籍上通名立户，其所有权才会受到国家的承认和保护。二是建立地籍和纳税制度，将“阡陌”作为不同土地所有者的土地分界，在阡陌之内，政府规定要设“顷畔封”，以核检授田的数量和征税；同时，通过废除分封领主制，民户直接向国家交纳赋税后，剩余产品则归自己支配，个人努力与其收益挂钩，“十税一或二十税一”的赋税与“井田制”相比，农民能得到更多的实惠。三是建立对土地产权侵权的处罚制度，对私自移动阡陌之封侵占他人土地和擅自移动本户地块内的“顷畔封”以隐漏土地的行为，都以“盗徙封”的罪名给以处罚。四是规定“民有二男以上不分异者倍其赋”，加速父系家长制家庭土地产权结构向以小家庭为单位的自耕农经济转变；“民有一男则不分异”，这又增强了自耕农小家庭土地经营权继承的稳定性。五是通过军功赐爵赐田和纳粟赐爵赐田，发展地主等级占田制，对贵族“则以食口之数，赋而重使之”，迫使贵族的依附人口走上“必农”之路。六是“农不上闻，不得私籍于庸”，没有爵位的人不得擅自占有劳动人手，隐占劳动人口和弃地不耕以事末业，都会受到严厉的惩罚，这极大地限制了土地兼并势力的发展。六项制度的革新，使秦国建立了适应当时社会经济发展的微观经济基础，极大地促进了社会生产力的发展，为秦灭六国奠定了坚实的基础。

## “私下成交”——土地交易制度缺失下的地权买卖

土地私有制的进一步巩固，促进了地权买卖的发生，然而交易制度的缺失造成了土地买卖不能得到国家法律的保护，最终产生了豪民地主利用经济实力的壮大来攫取政治权力的负面作用。秦始皇统一六国后，于公元前216年颁布“使黔首自实田”的法令，让老百姓向政府呈报、登记实际占有田地的数额。颁布这项法令的意旨，主要是为了国家能掌握各民户的土地数量，以便名田定税。马伯煌认为这项法令的颁布，是中国历史上第一次全国性的对土地私有制的确认，标志着国家在全国范围内首次承认了私有土地的合法性[3]。土地私有制度的确立在某种程度上的确能使土地财产权利得以流转，但是它并没有按照制度安排者所想象的方向发展，董仲舒一语“民得买卖，而又难享地主之利”道出个中实情，恰如其分地反映了战国秦汉时期土地买卖已经存在、而国家尚未制定出买卖法规的状况。由于缺乏完备的法律法规，国家对土地产权的保护处于软弱无力的状态，地权的流动转换呈现出强烈的法外色彩。考古发现的汉代“买地券”，是汉代土地买卖的明证，其中记有买卖双方和见证人的姓名、土地的顷亩、四至和价格，唯独没有官府参与其事的明确记载。贵为丞相的萧何“贱买民田宅数千万”，尚惧子孙不能守而“为势家所夺”。土地产权不能受到国家的有力保护，以至于豪强地主以各种手段巧取豪夺耕者土地。虽然皇帝要严厉镇压那些“田宅逾制，以强凌弱，以众暴寡”的地方豪强。然而，在执行过程中，一些官僚也趁机掠夺，连皇室自己也参与了土地的强占[4]。《汉书·东方朔传》载，汉武帝为了扩大皇家上林苑，将丰镐之间售价“亩一金”膏腴民田强行占有，而偿以“属县草田”即城郊蛮荒土地，是国家以法外形式强占民田的有力例证。许多“买地券”后记有“他如天帝律令”、“如律令”、“有天帝教如律令”之类的警句，表示“老天作证，不得翻悔”之意，也表明许多民间土地买卖是“私下成交”的。国家法律虽不认为土地买卖非法，却也没有明确规定买卖双方的合法权益。在这种情况下，“贱买”、“强买”、“剽买”史不绝书。

封建国家的统治者希冀通过土地的私人占有来促进新生政权的稳定和民心的归顺。然而，这种制度安排并没有按照他们所想象的方向发展，豪民地主利用土地兼并，壮大经济实力，攫取政治权力，给国家政权的稳固带来了极大的隐患，其原因就是以土地制度为核心的产权制度极不完善。由于缺乏完备的法律法规，当时的土地产权还不能受到国家强有力的保护，以至于强权在地权转移中起主要作用，当这种矛盾发展到了不可调和的地步时，革命终于爆发了。这时，陈胜、吴广提出的“王侯将相，宁有种乎”，既是政治利益的需要，更是广大人民群众对经济利益的追求，代表了最广大人民的内心呐喊，在某种意义上反映了农民希望包括土地在内的财产权力可以得到保护，不被封建统治阶级的特权所侵占的愿望。然而，在当时的社会背景下，这种朴素的平等思想注定也只能是昙花一现。

## 均田制——保障农民的安身立命之本

自北魏到隋唐时期，占统治地位的土地制度是“均田制”。北魏初年，针对华北及中原地区土地大量荒芜，地籍混乱，豪强兼并，大批农民流离失所，北魏政府开始实行“均田制”。这种制度实行“按丁授田”原则；同时把田分成露田、麻田、桑田和宅田四种，前两者属于国家所有，不得买卖，后两者可以作为祖业传给子孙，允许自由买卖；唐前期还实行了比较灵活的纳税代役的“庸”制。“均田制”的实施在一定程度上限制了豪强地主兼并土地的现象，保障了农民有一定的土地可以耕种；同时，新赋役制度也保障了农民有一点劳动时间。这在当时极大地提高了农民的生产积极性，农村劳动生产力获得了解放，从而促进了农业生产的发展。《洛阳伽蓝记》记载，北魏推行这种土地制度后，社会秩序迅速稳定下来，全国人口迅速增长，自耕农民显著增加，农业、手工业和商业都有显著的发展，国家财政收入显著增加，社会生产力逐步得到恢复和发展，至北魏后期，百姓殷富，年登俗乐，衣食初步得到保障。隋和唐前期，农民有了土地，生产时间得到保障，许多荒地被开垦出来，进一步促进了社会经济的不断发展，农民的赋役负担相对减轻，农业、手工业和商业获得发展，出现了一些繁荣的大都会，隋唐经济呈现出前所未有的繁荣景象。

魏晋以来世族门阀势力的发展，不但将大量土地和劳力占归私有，并借助政治、经济特权，占山固泽、荫庇户口，直接影响了封建国家租赋力役的征调。为了保证国家的租调力役，从北魏孝文帝太和九年（公元485年），北魏统治者在“计口授田”制（拓跋部早期在京畿代京附近实行）的基础上，正式制定颁布了“均田制”，将国家掌握的官田按劳力分给人民使用，并在此基础上重新规定了人民纳赋应役的数量。北魏“均田制”的实行主要目的是为了解决前朝土地占有不均的问题，即在于打破地方豪族对土地和人口的垄断，使豪强地主的附民附籍于国家，由国家直接控制土地和农民。而国家要将依附于豪族的农民争取过来，统治者也意识到只有在保障农民生产之本“土地”的前提下，才能真正使农民摆脱对富豪的依附，“永免于凌夺”之苦。因此，“均田制”实质上是封建社会土地产权的一次重新洗牌过程。

在当时的具体条件下，“均田制”在不触动社会原有私地的基础上，把国家掌握的荒闲土地分给无地、少地的农民，这对安定社会秩序、恢复和发展生产具有积极的意义；同时，一定程度上抑制了大土地私有制的无限发展，保证了封建国家中央集权的巩固。这个制度以后一直被北齐、北周的统治者承袭使用，隋、唐时期，更是将其推广到了全国范围。特别是唐初，由于部分无地、少地的农民在不同程度上分得了土地，使得社会空闲的生产资料同劳动力重新结合了起来，减缓了土地兼并集中的速度，促使社会经济得到了较快的恢复发展，不但为结束魏晋南北朝以来长期分裂割据的局面打下了物质基础，并在唐初出现了所谓的“贞观之治”和“开元之治”的封建盛世。“均田制”通过加强对小农土地所有权的保护，减缓了地权转移的速度，限制了土地兼并的过度膨胀。虽然其产权仍然不是特别清晰，但其土地产权交易在“均田制”框架内受到了国家法律的规范，与战国秦汉土地买卖中政治强权在土地买卖中起主导作用的状况相比，无疑是个巨大的进步。

但是，新的制度隐含的漏洞注定会随着社会的发展而不断放大，致使以土地为核心的社会财富再次向少数人手上集中，又淹没在土地私有兼并的浪潮中，最终危及到了政权的稳定。在实施“均田制”后，社会上不但仍有相当数量的个体农民存在，而且也有许多占有成千上万亩私地的地主官僚。“均田制”不但没有丝毫触动社会上原有的私地，而且历代统治者还以勋田、赐田、公廨田、职分田等名义，把大量土地分给官僚贵族世代享用。“均田制”不但无法约束官田以外的私地买卖，而且均田令本身还允许受田者在一定条件下可以买卖分得的官田。随着社会经济的恢复发展，大土地私有制更加迅速地发展起来，土地不断往地主官僚手里集中，农民不断破产逃亡，国家掌握的官地越来越少，国家的租赋力役日益失去保障，最后终于使“均田制”再也无法维持，从而最终使土地兼并更加严重。大土地私有制的迅速发展是促使“均田制”破坏的根本原因。

## 不抑兼并——加速了封建国有土地向私有转化的进程

宋初，政府采取“不抑兼并”的政策，土地兼并现象愈发严重，从而租佃制度有了较深入的发展，契约佃租和定租制逐渐形成并得到普及。明清时期，土地制度在宋元基础之上又发生了很大变化，“统治者实行了永佃制，即佃农在按租约交租的前提下，永久租种某块土地的权利，地主出卖转让土地，不影响佃农继续租种”[5]。在这种土地制度下，土地的经营权与所有权分离，佃农不但可以长期使用土地，并且有权将使用权出卖、抵押和典当的自由，佃农有了永佃权，生活也有了保障，土壤改良、提高地力的利益所得属佃农自己所有，提高了其生产积极性，有利于农业生产的发展。整个宋明清时期，土地契约、土地定佃或土地永佃和计资征赋的土地及赋税制度，使得农民同地主及封建国家的依附关系变得松散，刺激了农民耕作土地的积极性，人口也不断增长。这一时期也是我国历史上人口增长最快的时期，开垦的土地也越来越多，除中原地区之外，边疆地区在很大程度上得到了开发；另外，农作物的品种不断增多，农作方法也不断得到改进，大大促进了商品经济的发展。

两宋时期，是我国封建土地关系发展史上的又一个重要阶段。封建土地私有制无论在广度和深度上，都得到了进一步发展。北宋王朝同我国历史上许多封建王朝不同，当时社会没有经过大规模农民起义的洗礼，地主官僚势力一开始就十分强大。魏晋以来的世族门阀大族，经过隋末和唐末两次农民起义的打击，势力虽然已彻底衰落，但在隋唐时期发展起来的庶族地主势力，又逐渐成为社会的主要支配力量。赵宋王朝正是依靠他们的支持，才得以建立起来。因此，北宋统治者从登基之日起，就在政治上奉行“与士大夫共治天下”的原则，所以在经济上采取“不抑兼并”、“不立田制”的政策，鼓励纵容地主官僚肆行兼并，而且往往还赋予他们免税免役等特权。早在宋太祖“陈桥兵变”、“黄袍加身”后不久，为了解除诸将兵权，消除唐末五代以来，武人拥兵篡权的隐患，就劝导诸将“广积金帛田宅，以遗子孙”[6]，于是宋初功臣纷纷“择便田宅市之，为子孙立永久之业”[7]。开宝二年（公元969年），宋王朝更在战国秦汉以来准许土地合法买卖的基础上，“初令民典卖田土者，输钱印契”[8]。这项措施其直接目的虽在于增加国家的财政收入，但客观上不但反映了土地买卖数量的增多和买卖次数的频繁，更重要的是说明了封建国家对土地买卖行为进一步从法律上予以保护，反映了土地私有制的进一步深化。

在此背景下，土地集中的情况愈演愈烈，一是地主官僚开始加速对土地的兼并；二是富商大贾以及高利贷者，利用各种机会，使用发放高利贷和贱买贵卖、囤积居奇等手段，跻身于兼并土地的行列。到北宋末年，有的大地主官僚，兼并土地数量之大，达到骇人听闻的程度。仅以被时人称为“六贼”中的蔡京、童贯等人为例，南宋高宗时，籍没其家产，仅其在浙西的田产由政府进行发卖，经过六年“而末售者尚有五千余顷”[9]。在地主官僚盛行兼并的情况下，“州县之官不能治豪右，抑兼并，贫下之户为豪右兼并没籍，必妄申逃移”。人民失去土地后，无法生活，沦落到逃亡的境地。

两宋王朝获取公田的主要手段是通过购买，又经常将公田出卖，而且公田主要采取租佃方式经营。从官庄上的客户所受人身束缚已逐渐趋于缓和等情况看，说明我国封建社会中长期存在的封建国有土地，这时已开始进一步向土地私有的性质转化。土地关系发生这样的重大转变之后，随田佃客制度——永佃制的雏形得到了长足的发展。宋朝初期，租佃之间的关系并不稳定。地主方面经常单方面地决定更换佃农，而佃农本身存在的单方面的毁约情况也很多。甚至，佃农在一个年度未满，谷物未收割之前，就不辞而别。到了北宋末南宋初期，各地的长期租约制度已经初具规模。这种长期租约制度常以签订长期租佃契约的形式存在，官田甚至将长期租约的佃户的姓名勒于石碑上[10]。随着这一制度的逐步确立，还出现了地主在战争后仍然可以凭长期的租佃 契约要求原佃农回来耕种以履行义务的现象。宋代的长期租佃制因为各地的具体情况也有所不同，大致分为以下两个层次。一是土地的租佃契约随土地的所有权的转移而消失；二是土地的租佃契约不随土地的所有权的转移而失效。通常在这种情况下，土地的买主在买地时承诺继续租田给原佃户，并在买地文契里写明这一点，并写上原佃户的姓名，即“随田佃客”。如果没有“随田佃客”制度，当地主觉得经营土地无利可图之时，卖出土地使得土地租约的失效，佃农的利益随之受到了侵害。可见，“随田佃客”制度可以很好地保护佃农的承租权，避免了土地所有权频繁转移造成的长期租约的形同虚设的情况。这种“随田佃客”制度属于永佃制的萌芽或雏形。

## 鱼鳞图册——中国土地史上最早的产权证书

在元末农民战争后封建的统治秩序和土地占有关系，被打得大乱。这不但从政治上严重地威胁着明王朝封建统治的巩固，也在经济上影响着封建国家的赋税收入。为此，明初统治者一开始就大力着手整顿社会秩序，重建封建的土地关系。明王朝采取了解放奴婢，减缓人身束缚，召集流散，奖励开垦的措施，从而使部分农民得到一些土地，也使社会上的自耕农数量有所增加，土地高度集中的趋势有了一定的缓和。

在明初，经过元末农民战争，人口流散、土地变换、赋役不均的现象十分严重。大部分土地没有簿籍可查，逃避国家赋役，而有簿籍的土地，登记的面积和负担又轻重不一。这不但严重影响了封建国家的剥削收入，也直接关系着封建统治秩序的稳定。为了改变这种混乱现象，朱元璋从建国之初，即着手进行整顿。为了把群众牢固地束缚在土地上，明初统治者在推行上述垦荒、屯田的同时，又大力进行丈量土地和调查登记人口，并在此基础上编制了赋役黄册和鱼鳞图册，作为封建国家征取赋税力役的根据。

赋役黄册和鱼鳞图册的编造，不但可以详细反映每户丁口和资产的情况，而且对每次土地析产变卖以及自然变化，如坍没、淹冲、受灾等情况，检查也很方便。所以二者在确定封建赋役的负担上，起到了相互补充、彼此印证的作用。实行的结果，在很大程度上防止了大地主诡计隐瞒土地、逃避税粮的弊端，也免去了贫苦农民产去税存的现象，从而保证了封建国家的税收，对于巩固封建统治秩序起到了积极的作用。

## 永佃制——私有制下土地流转的成熟范式

在明清时期，随着商品经济的发展和土地市场化程度提高，土地买卖的范围和规模更为扩大，土地产权独立性增强，土地交易日益频繁，土地流转加速， 使得土地交易更加复杂，也更为零细化。土地流转加速所导致的集中和分散两种趋势有了新的表现。这一方面有利于商人和部分地主购买土地，促使土地走向兼并和集中之路；另一方面，由于中国特殊的土地继承制度和租佃制度又使得土地产权趋向于分散。特别是这种土地分散化，部分抵消了土地兼并的趋势。因此，明清时期土地的集中和分散两种力量不断交织，相互作用，形成了土地产权分分合合的演变过程。

“契约制的租佃关系，早见于宋、元时代……然其（大）量的施行，则不能不说是到了明代中叶以后才逐渐发达起来的”[11]。宋朝以后，“随田佃客”制度进一步发展，在经济发达的中国南方较为普遍地实行了永佃制，即佃户与田主采取契约的形式，将租额写在佃约上，固定下来，不容变更的一种土地制度。这对以后的租佃关系产生了极大的影响，并有着深远的历史意义。

明朝的永佃制中的租佃权已经具有了永久的性质。故顺治三年（1646年）魏礼述称：“（宁都）下乡闽佃先代相仍，久者耕一主之田，至子孙十余世，近者五六世，三四世。”[12]也就是说，从明朝前期到清朝初年，此地未撤佃夺耕，由原佃之家世代守耕。而到了清朝，永佃制在中国南方很多地区继续延续。据乾隆《刑科题本》所记，福建仙游县佃户林正佃种地主陈王里土地，“议定每年租谷二石二斗，交各房轮收办祭，并在（契）约内载明：如无欠租，不得另付他人耕种，相安已久”[13]。在明清的永佃制的契约中大多已经有限定租额的内容。如安徽望江县的定额租长期以来形成了一种“乡例”，一般是佃地者每下种子一斗，交租谷一石。[14]

由于地主对佃户的目的，一是为了增租（亦含清理欠租之意），二是佃主干涉佃农生产活动以求增产，多得分成租（多发生在分成租制下）。所以在具有定额租的永佃制下，无论谁种佃种，佃主的收入都不能增减，于是，也就丧失了夺耕撤佃的积极性。于是，在江南的大部分地区，产量与地租在各自成为两个独立的范畴，地租成为一个不变的常量，于是，佃田无论归谁使用，田主都没有干涉的必要，土地所有权（田骨）和使用权（田皮）就有了各自分行的趋势。于是，在不少地方在铁板租制下，地主将土地的支配权或使用权完全交出，让给佃户全面自由管理，永不过问（以交额租为前提），即使佃户像处理自己的财产一样典当顶卖田皮，转租土地，田主也不会管。于是出现了我国古代农业制度上有名的“田皮田骨市场”现象。学者根据安徽徽州地区的田契，得出的田皮、田骨价格变化下表所示：[15]

**田骨田皮价格变化表（币种：白银　单位：两）**

| 年 代 | 田骨价 | 田 皮价 |
|---|---|---|
| 1707 | 6.50 | 2.91 |
| 1727 ~ 1752 | 7.62 | 7.38 |
| 1782 ~ 1800 | 10.79 | 8.49 |
| 1802 ~ 1807 | 11.48 | 9.71 |
| 1810 ~ 1817 | 18.01 | 37.04 |
| 1821 ~ 1850 | 17.75 | 14.27 |
| 1851 ~ 1861 | 9.29 | 10.89 |

就土地的所有权和使用权而言，拥有农田的所有权（田骨）可以获得土地的租金，而拥有农田的使用权（田皮）可以获得除地租外耕种的收益。在永佃制下，佃户拥有一块土地永远的使用权，不受任何人的干预，与这块土地的所有者无异。而这块土地真正的所有者，不能撤佃换佃，只剩下收租权。于是，在清朝永佃制成熟的时期下，土地使用权（田皮）的

价值增长速度超过了土地所有权（田骨）的增长速度。从上文分析可以看出，定额地租虽然是永佃制产生的根源，但人民群众的反抗斗争把永佃制固定和发展起来[16]。在永佃制下，土地增产部分就是新创造（增加）的土地价值和使用价值，佃农将其理所当然地归为己有。这样就在很大程度上限定了地主的剥削，使得佃农大量地投资于租田，改良土壤，不断提高产量。也就是说，永佃制优化了土地资源配置方式，促进了农业生产的发展。

## 田产均耕——废除土地私有制的理想主义

太平天国是清朝后期的一次由农民起义创建的农民政权，历时13年。虽然这段历史很短，但由于其在土地制度上大胆创新充满理想色彩的举措，成为土地制度史上重要一笔。太平军在占领南京前，曾提出“薄赋税、均贫富”，“将来概免租赋三年”、“均田以赈贫穷”等口号。这些口号，反映出当时中国社会生活中以土地为中心的主要矛盾和广大农民渴望减免封建剥削以至获得土地的要求。1853年建都天京后，颁布了《天朝田亩制度》，内容包括经济、政治、军事、文化等诸多方面，但其核心是土地制度。

《天朝田亩制度》规定废除土地私有制，按人口分配土地，在小农业与家庭手工业结合的小农经济基础上实现公有制。也就是说，天朝田亩制度下，规定把全国的土地按照土地每亩每年早晚收获量的多少，分为上中下三类九等，土地全部归公所有，农民得到的是土地的使用权。其根本指导思想是“有田同耕，有饭同食，有衣同穿，有钱同使，无处不均匀，无人不饱暖也”；“盖天下皆是天父上主皇上帝一大家，天下人人不受私，物物归上主，则主有所运用，天下大家处处平均，人人饱暖矣”。

“田产均耕”，首先就是土地所有权归公，“凡天下田，天下人同耕，此处不足则迁彼处，彼处不足则迁此处”。其次，是按人口年龄平分土地。《天朝田亩制度》强调按人口年龄平分土地，明确规定妇女可与男子一样受田，更是对古代仅男子可受田的均田制的重大突破。“凡男妇每一人自十六岁为尚，授田多逾十五岁以下一半。如十六岁以尚分尚尚田一亩，则十五岁以下减其半，分尚尚田五分。”再次，是有关取民政策。与《百姓条例》相较，主要体现了由“全部征收、重新分配”到“剩余归公”的原则性变化。

但是，这一充满了理想主义色彩的土地产权制度，是在小农经济基础上维持绝对平均主义的农民乌托邦，注定只是一个美好的泡影。1895年夏秋，也就是《天朝田亩制度》颁布后不到一年的时间，杨秀清、韦昌辉、石达开就提出了“照旧缴粮纳税”的政策，也就是沿袭清朝征收田赋的制度[17]。而且，这一新制度在执行中还普遍不触及地主土地，太平军的征粮官向农民征收田赋，出现了农民回答“我等系贫民，此等事要向田主去说”[18]的现象。

## “耕者有其田”——未能实施的平均地权梦想

毛泽东曾经指出：“孙中山是中国最早的革命民主派，他代表民族资产阶级的革命派、城市小资产阶级和乡村农民，实行武装革命，提出了‘平均地权’和‘耕者有其田’的主张。但是可惜，在他掌握政权的时候并没有主动地实行过土地制度的改革。”[19]

在民主主义革命时期，孙中山在“平均地权”的基础上提出“耕者有其田”的口号。孙中山指出：“农民问题真是完全解决，是要‘耕者有其田’，那才算是我们对于农民问题的最终结果。”[20]而孙中山的耕者有其田，是在土地国有的前提下实施的，是把国有的土地分配给农民使用，是耕者有其使用之田，而不是耕地归农民所有。但是，孙中山又认为，耕者有其田“并不是立即就实行的，而是等将来实现了土地国有、全国农民都联络起来之后才能实行”。孙中山虽然反对封建土地制度，反对地主对农民的压迫，但是，却没有把地主阶级作为革命的主要对象而坚决消灭之，在解决土地问题的手段上采取缓和改良的方式。孙中山既不主张通过发动农民起来革命，进行土地制度的改革，来彻底推翻封建土地制度，不赞成农民用暴力手段夺取富人之田,又不主张国家无偿没收地主土地，而主张依靠国家采取行政手段，通过定地价、收地价税、涨价归国家等改良办法来解决土地问题。这些方式不太有利于彻底解决土地问题。

南京国民政府成立后，国民党和蒋介石也高喊坚持孙中山的“三民主义”，平均地权，实行耕者有其田。但其所实行的土地政策又与孙中山的“平均地权”相背离。南京国民政府没有实现孙中山“耕者有其田”的主张，而只是采取了一些改良的办法，如减轻农民负担的“二五减租”政策，但该主张在执行过程中名存实亡。此后又相继出台《土地法》《土地法施行法》《修正土地法原则》等系列土地法律法规，名义上规定土地归全体国民所有，但实质上又肯定了地主阶级对土地的占有和租佃。蒋介石国民党政权制定和施行的土地政策要么没有得到很好的贯彻执行，要么新政不断，加之其在战时颁布的一些土地政策也由于战争的原故而停止执行，许多土地政策的实施是国民党退守台湾后才得以实行。从总体上来看，南京国民政府的土地政策是以捍护旧有土地分配制度为目的的，并不含有调剂耕地、平均地权的意义。因此，其实施的结果必然是封建土地制度得到巩固与强化。进入20世纪30年代中期，中国农村中地权集中的状况，非但没有改变，反有恶化的趋势。1934年8月至1935年12月，南京中央土地委员会对22省的调查发现，占农户总数95.18%的农民仅有耕地总数的66.2%，而其余4.82%的“业主”却占居全部耕地的33.8%，并且，在普查的89个县中，平均占地两千亩以上的地主，竟达1545户，“为数亦足惊人”[21]。

总之，民国时期的政府在土地政策问题上，虽然也认识到了解决土地问题对于维护其统治的关键性，在其执政以后，为平衡各阶层的利益关系，获得广泛的民众支持，避免中国社会再次陷入动荡之中，也颁布了一系列与土地相关问题的立法，但是，问题在于民国政府统治的基础不是农民，而是大地主大资产阶级，这种状况就决定了它所要进行的改革并不能彻底进行，政策在基层落实过程中往往因遭到地主的反对而夭折。金陵大学万国鼎教授也曾经说：“就理论的观点而言，共产党和国民党的土地政策大同小异，都是根据孙中山的平均地权和耕者有其田的思想。唯一的分别，是国民党对于把地主的土地转移到农民的时候采取和平的方法，而共产党则断然地没收地主的财产……国民党倡导多于实行。”在解决农民土地问题上，国民党政府主导的是一种不触及地主阶级利益的诱致性制度变迁；国民党人孙科最后承认国民党失败的原因就是没有进行土地改革。由此观之，对于一种承诺，兑现的依凭不同，兑现的方式不同，其兑现的结果也是大相径庭的。

## 红色土地革命——革命胜利的基石

中国革命的胜利，得益于三项政策的成功实施：一是“打土豪分田地”，重新构建了土地产权制度，这项政策得到了广大群众的大力拥护；二是统战政策，中国共产党领导建立起了包括工人、农民、城市小资产级、民族资产阶级、各民主党派、开明绅士、其他爱国分子、少数民族同胞和海外侨胞在内的广泛的人民民主统一战线，在推翻蒋介石国民党反动政权的斗争中起了极其重要的作用；三是提出保护民族工商业，争取到了民族工商业界的支持，在实践上促进了民族资本主义的发展，为中国由新民主主义向社会主义的转变奠定了物质基础。新中国成立后，推行的政策出现了“三大失误”，对已经构建的微观经济基础造成了严重破坏。一是土地政策失误，通过合作化、人民公社化运动，重新又收回了农民刚刚获得的土地所有权，收回了农民土地，要跑步进入共产主义，直接违背了生产力发展的规律，仅靠干部和群众的热情来发展经济，直接导致了农村生产力的倒退和生态环境的破坏；二是“一化三改造”运动的过激行为，过分损害了民族工商业界和手工业者的利益，挫伤了他们的生产积极性；三是对知识分子的政策，“反右斗争”的扩大化，伤害了一大批爱国的进步知识分子的热情，影响了广大知识分子与党的感情，这一系列政策的失误，再加上其他原因，最终导致了“文化大革命”运动的爆发，使整个社会经济到了崩溃的边缘。党的十一届三中全会以后，生产力迅速恢复，国力日益增强，其实质是对上述“三大失误”的调整。一是包产到户，还权于农民；二是为知识分子平反；三是大力发展民营企业。三项政策、三大失误、三大恢复，构成了中国从革命到建设阶段的政策主线，从中我们可以清晰地看到“财产权利”的保护与剥夺对社会生产力的促进和抑制的决定性作用。

毛泽东从1928年3月开始，在酃县的中村和桂东的沙田，正式开展了“打土豪，分田地”[22]的革命斗争，制定了《分田临时纲领十七条》，将“均贫富、等贵贱”这一数千年来农民阶级的历史夙愿予以了兑现。1928年12月，在总结分田经验的基础上，由毛泽东起草的《井冈山土地法》颁布实施，这是中国共产党领导农民在扩大的范围内实行土地改革的第一次尝试，也标志着党对农民土地问题的政策主张开始逐步走向制度化、法律化，是红色土地革命的第一块丰碑。1930年8月颁布的《土地法》（共四章三十一条），明确规定了土地没收与分配的各项政策和原则，以乡为单位，按人口平均分配，在原耕基础上，实行“抽多补少”，“抽肥补瘦”，“无条件分青”，废除封建债务，地主阶级的土地财产没收以后也同样分给一份田地等等；强调暴动推翻豪绅地主阶级政权后，立即进行分配土地的斗争，尽最大限度满足无地少地的广大农民的要求。

1930年六届三中全会规定“不禁止土地买卖”、“没收的土地分配给农民，归农民所有”。毛泽东提出了“新租田制”的主张，允许土地的买卖。这其实解决了农民在较大范围内耕种土地的要求。地权的廓清，农民分得了自己的土地，生产积极性大为提高，又可以通过租赁和购买土地，使农业生产出现规模收益，使土地利用率大大提高。

在红色根据地的探索中，共产党人认识到实行“土地国有”和“禁止土地买卖”，这既不符合当时中国的国情，也不符合基本的经济规律，土地所有权不属于农民，让许多农民认为土地不是自己的，不愿意在土地上下更多的功夫。因而，在一些地方出现了怠耕、荒田的现象。在这种情况下，从实际出发，将分配后的土地归农民所有，就能激发群众革命和生产的热情。也正是在经过多年的土地革命斗争的实践和大量调查材料的科学分析基础上，1930年冬，我党才形成了一条正确的土地革命路线“依靠贫农雇农，联合中农，限制富农，保护中小工商业者，而仅仅消灭地主阶级”。1947年10月颁布的《中国土地法大纲》规定“乡村中一切地主的土地及公地，由乡村农会接收，连同乡村中其他一切土地，按乡村全部人口，不分男女老幼，统一平均分配，在土地数量上抽多补少，质量上抽肥补瘦，使全乡村人民均获得同等的土地，业归各人所有”，“分配给人民的土地，由政府发给土地所有证，业承认其自由经营、买卖及在特定条件下出租的权利。土地制度改革以前的土地契约及债约，一律缴销”，以及“废除一切乡村中在土地制度改革以前的债务”，等等，其基本精神与土地革命时期的政策是一脉相承的。可以说，有土地革命时期的土地斗争经验，才有解放战争时期，大陆解放以后全国范围内的土地改革的伟大胜利。

## “保护地主私有财产”——统一战线选择下的温和变革

1937年2月10日，《中共中央给中国国民党三中全会电》保证实行“停止没收地主土地之政策，坚决执行抗日民族统一战线之共同纲领”。3月，“停止没收地主土地之政策”就正式在陕甘宁边区开始实施。4月，陕甘宁边区政府宣布：尚未分配土地的地区，必须执行“停止没收地主土地”的政策；已经分配了土地的地区，当地主豪绅返乡后，应分配给他和农民一样多的土地和房屋。8月制定的《抗日救国十大纲领》，决定把减租减息作为党在抗日战争时期解决农民土地问题的基本政策。“关于土地政策，必须向党员和农民说明，目前不是实行彻底的土地革命时期，过去土地革命时期的一套办法不能适用于现在。现在的政策，一方面，应该规定地主实行减租减息，方能发动基本农民群众的抗日积极性，但也不要减得太多……另一方面，要规定农民交租交息，土地所有权和财产所有权仍属于地主”。从此，以“地主不分田”为标志的土地革命时期的土地政策被逐渐突破，导致最终废止；随着抗日根据地的开辟和扩大，以“减租减息”为标志的抗日时期的土地政策在各根据地程度不同地开始得到贯彻。在晋察冀边区，仅1940年6月，减息数达320600余元，第二、第五两个专区减租额达12290余石[23]。晋绥边区17个县20987家佃户减了租，20个县共减17716石，12个县减息8842元[24]。

这种农民交租交息，地主减租减息的政策，其实是在不改变地主对土地产权的约束的情况下，将地主依赖土地所有权获得的利益让渡给农民一部分，既保障地主收入，又改进了农民的利益，联合地主阶级一致抗日。这种产权模式并没有彻底地改造地主土地所有制，是一种温和的变革。

## “土地改革”——圆梦“耕者有其田”

建立“耕者有其田”的农村土地政策是一切革命民主派的主张。1945年抗战胜利以来，中国共产党为实现新民主主义革命的奋斗目标，重新确定了土地改革的方向。孙中山先生的“耕者 有其田，是把土地从封建剥削者手里转移到农民手里，把封建地主的私有财产变为农民的私有财产，使农民从封建的土地关系中获得解放，从而造成将农业国转变为工业国的可能”。1945年4月，毛泽东在党的七大上作《论联合政府》的政治报告时指出，这种主张“是一切革命民主派的主张，并不单是我们共产党人的主张。所不同的，在中国条件下，只有我们共产党人把这项主张看得特别认真，不但口讲，而且实做”。为实现这一主张，中国共产党人对获取土地的方式和分配土地的方式进行了艰辛的探索。直到1953年春土地改革完成，农民基本上得到了一份土地，真正实现了“耕者有其田”的夙愿。

《中国土地法大纲》是一个彻底反封建的土地革命纲领。《大纲》明确指出：“废除封建及半封建性剥削的土地制度，实行耕者有其田的土地制度。”“废除一切地主的土地所有权。”“废除一切祠堂、庙宇、寺院、学校、机关及团体的土地所有权。”“土地分配，以乡或等于乡的行政村为单位。”“废除一切乡村中在土地制度改革以前的债务。”“乡村农会接收地主的牲畜、农产、房屋、粮食及其他财产，并征收富农的上述财产的多余部分，分给缺乏这些财产的农民及其他贫民，并分给地主同样的一份。分给各人的财产归本人所有，使全村人民均获得适当的生产资料及生活资料。”“分配给人民的土地，由政府发给土地所有证，并承认其自由经营、买卖及在特定条件下出租的权利。土地制度改革以前的土地契约及债约，一律缴销。”“保护工商业者的财产及其合法的营业，不受侵犯。”“乡村中一切地主的土地及公地，由乡村农会接收，连同乡村中其他一切土地，按乡村全部人口，不分男女老幼，统一平均分配，在土地数量上抽多补少，质量上抽肥补瘦，使全乡村人民均获得同等的土地，并归各人所有。”

但由于《中国土地大纲》坚定的平分土地的政策措施，就不可避免地重蹈了历史上的侵犯中农利益的覆辙。1947年12月中央会议以后，我们党逐步改变了平分一切土地的做法，并在理论上明确提出要批判绝对平均主义的思想。1947年12月25日，毛泽东发表《目前形式和我们的任务》的讲话，一方面肯定了按人口平均分配土地的必要性和重要意义，另一方面强调，平分土地时，不要损害中农利益。讲话发表后，中国共产党的土地政策已经由《中国土地法大纲》的“平分一切土地”方针逐渐改变为“平分土地和调剂土地并用”的方针。1949年8月10日，毛泽东为中共中央起草《同意以中间不动两头平的政策解决河南土地问题》的电报中一方面回复

“同意以中间不动两头平的政策，作为解决河南土地问题的基点，对中农土地完全不动，而不要照土地法大纲上关于中农土地的规定”，另一方面指明了今后全国开展土地改革的方向，明确指出：“在中央政府成立后，土地法大纲须要有所修改。”[25]从此，在土地改革运动中，“平分土地”的政策逐渐地被“中间不动两头平”政策所取代。

“耕者有其田”农地政策目标在全 国范围的实现是以《中华人民共和国土地改革法》的颁布和实施为前提的。1950年6月28日，中央人民政府委员会第8次会议讨论和通过了《中华人民共和国土地改革法》，并于6月30日公布执行。因此，“我们不要四面出击”，“绝不可树敌太多，必须在一个方面有所让步，有所缓和”。这些复杂的历史背景在《中华人民共和国土地改革法》的内容中得以充分体现。《中华人民共和国土地改革法》一方面坚持了“有步骤地将封建半封建的土地所有制改变为农民的土地所有制”的政策原则和“依靠贫农、雇农，团结中农，中立富农，有步骤地、有分别地消灭封建制度，发展农业生产”的政策路线，另一方面又将土地改革的政策和战略策略调整为“消灭封建制度，保存富农经济”，做到使“地主能生活，富农能生产”。1953年春，随着土地改革任务在全国（除一部分少数民族地区外）的完成，标志着在我国延续了几千年的封建制度的基础一一地主阶级的土地所有制，至此彻底消灭了。也标志着无数仁人志士梦寐以求、以身殉业的“耕者有其田”的农地政策在中国共产党的领导下，经过32年的探索，终于在中国大地上确立起来了。

## 土地私有制下的互助经济——新中国成立初期农民的幸福生活

或许，许多情绪化的社会评判都包含着极大的不公正，因为，每一个历史事件的背后都藏着极其繁复的原因。虽然我们无意去评论特殊年代的那场运动，但是历史无法回避，许多陈旧的记忆在不经意间如梦魇一般将我们带回从前的那些场景，让人再次品味岁月的陈酿，或醇，或咸，或苦……它给人以隐约的刺痛，也足以让后世猛然警醒。

新中国成立前后，即从1947年到1950年，共产党在全国范围内有计划有步骤地没收地主的土地，分给无地少地的农民，彻底废除了几千年的封建土地所有制，广大农民实现了祖祖辈辈所盼望的“耕者有其田”的愿望，真正成了土地的主人。中央政府1950年颁布的《中华人民共和国土地改革法》和第一部宪法都明确规定：“国家依照法律保护农民土地所有权和其他生产资料所有权”，并允许私有土地在特殊情况下买卖、出租、典当、抵押、继承、赠与等。这是对我党在革命战争年代所制定的一系列土地政策进行系统总结，是土地革命的延续、扩展和进一步深化。

这一时期，中央政府在土地问题上的主要思想是依靠贫农、雇农，团结中农，中立富农，有步骤地有分别地消灭封建剥削制度，发展农业生产。这次土改彻底地废除了封建地主所有制，建立了农民土地私有制的局面，农民们有了自己的土地，自己的财产，使被久已压制的生产关系解放了出来，推动了生产力的发展。这次改革是历次最深刻的一次，因为在中国大部分地区完全废除了封建地主土地所有制，改为完全的农民土地私有制，土地的使用权、收益权、经营权、处置权完全归农民。因此，经过从1947年到1950年的土地改革，中国农村发生了翻天覆地的变化。农村土地产权清晰，地域边界明确，生产经营自由，收益分配自主。农民的积极性明显提高，农业生产也因之而得到了很大的提高。

但是，由于小农生产的抗风险能力较弱，生产率较低，分散的小农生产不符合生产力发展的要求，不符合建设社会主义所需要的大规模农业的要求。个体经济作为一种经济形态，其内部关系是不稳定的。土改后，实行计口分田，土地要素配置不甚合理，没有考虑到每个家庭的人口与土地量的搭配，造成土地和劳动力配置上的不合理，在当时也就出现了土地兼并、土地租赁、雇工经营、民间借贷等自发的追逐土地价值最大化的现象[26]。为了获得农业规模效益，为应付一家一户“办不了”或“办不好”

的情况，本着“自愿结合、等价交换和民主管理”的宗旨，就创造性地出现了变工队、耕田队、互助组等多种形式的互助合作组织，他们为军烈属代耕，为鳏寡孤独帮忙。这些互助组是建立在土地私有制基础上的劳动合作经济组织，它与后来的农业合作化运动所追求的农业集体化目标有本质的区别。互助组中，农民既有是否参加互助组的自由，也有参加这种那种互助组的自由。互助组的特点是在自愿互利的原则下，不打破家庭经营核算的原则下，实行平等互利的有偿互助，组织规模小，自由结合[27]。其特点是不触动个体所有制，根据农民固有的习惯，在农业生产的某个方面或某个环节上实行互助[28]。应该说，当时的互助组是符合当时农村生产发展的实际情况的，建国初期农业、农村发展呈现一片欣欣向荣的繁荣景象。

## 入社自愿，退社自由——初级农业生产合作社带来的幸福时光

土地改革仅仅看作是“民权革命”或新民主主义革命的主要内容，农民土地所有制仅仅是一定时期出于革命和现实需要而确定的暂时性目标，为了建设社会主义社会，必须要进行土地制度的集体化和国有化改造。这种改造就是以革命运动的形式推进农业合作化运动，即以一种强制变迁的方式来改造初见雏形的土地制度。

1951年4月，中共山西省委向中共中央和华北局写了一份《把老区的互助组织提高一步》的报告，提出一些新的看法。报告说：“随着农村经济的恢复与发展，农民自发力量是发展了的。它不是向着我们所要求的现代化和集体化的方向发展，而是向着富农的方向发展。”“如搞不好，会有二个结果：一个是使互助组涣散解体，一个是使互助组变成富农的‘庄园’。”报告主张对于私有基础，不应该是巩固的方针，而应当是逐步地动摇它、削弱它，直到否定它。毛泽东明确表示支持山西省委的意见。

1952年党中央提出了过渡时期的总路线："要在一个相当长的时期内，逐步实现国家的社会主义工业化，并逐步实现国家对农业、对手工业和对资本主义工商业的社会主义改造。"同时提出，要适当加快农业合作化的速度。

这样，原来的互助组很快变成了以土地入股、统一经营为特征的初级农业生产合作社。社员除保留小块自留地外，其余所有土地交给农业生产合作社统一经营使用，入社农民仍然拥有土地的所有权，事实上成为股东，取得分红；土地经营权统一由合作社集体行使；原则上农民还拥有土地的处分权，退社自由，退社时可以带走入社时带来的土地。初级农业合作化将土地由农民所有、农民经营转变为农民所有、集体经营。"这次变革是在不改变土地私有制基础上的土地使用制度变革，它使农村土地制度具有了半社会主义的性质"[29]。这种土地政策，既保留了农民对土地的私有权，又比互助组更能发挥统一经营的优越性，体现了土地所有权和经营权的分离形态，比较好地处理了公私双方的关系，适应了当时农业生产力的发展水平[30]，大大节约了农户的生产经营成本和发展农业的社会成本，农地产权的清晰和规模经营的利益使当时农村生产关系适应了生产力发展的需要，从而带来了建国初期土改之后农业的发展，全国上下都沉浸在革命胜利的喜悦之中，经济发展成绩喜人，建设美好的社会主义的信心空前高涨。

## "人民公社好"——风干的记忆

土地私有又是与"共产"的政治主张相悖的，跑步进入共产主义的期盼，希望迅速越过"土地私有"的这一"门槛"。在"极左"思潮的引领下，互助合作形式发展起来的农业合作化运动却离人民的幸福期盼越来越远，党的领导人在农业社会主义改造的后期，出现了盲目乐观的情绪，认为集体化的程度越高越好，所以也要求加快从初级社过渡到高级社的步伐。1953年12月中共中央发布了《关于发展农业生产合作社的决议》，明确提出中国农业要走由初级社到集体所有制的高级农业生产合作社的路子，合作化的步子进一步加快。在这种“公有公营”的农地制度中，农民不再是土地的所有者，也不拥有土地的使用权，仅仅是“社员”，本质含义是高级社雇用的、在农业部门就业的雇员[31]。高级社的农民必须把私有的土地转为合作社集体所有，并取消土地报酬。收入实行“各尽所能，按劳取酬”，“取消土地报酬”。否定土地农民私有制，取消体现农民占有土地权利的土地分红，既脱离了生产力发展的需要，也违背了农民还留恋所分得的土地的意愿，违背了自愿互利的原则，引起了农民群众的不满[32]。在高级社中，不仅土地所有权和处置权不归农民，而且直接的使用权农民也不能享有，都归集体了，社员集中劳动，甚至社员的劳动力的使用、支配也不再由自己决定，高级社已具有了集体经济的属性。社员的所得已不再与曾经属于自己的土地多少挂钩，劳动成为农民获得收人的基本手段。如果说加入初级社遵循了自愿的原则，是一种自下而上的需求型制度变迁的话，而加入高级社则是在违背大多数农户意愿的条件下进行的，是一种自上而下的强制性的制度变迁[33]。1956年底，参加初级社的农户占总农户的96.3%，参加高级社的农户达到农户总数的87.8%，基本上实现了完全的“社会主义改造”，完成了由农民个体所有制到“社会主义集体所有制”的转变。1958年8月27日，中央政治局在北戴河举行扩大会议，做出《关于在农村建立人民公社问题的决议》，指出人民公社是形势发展的必然趋势。到年底，全国农户的99%以上参加了公社。在旧社会，农民依附于封建地主。在新社会，如果跨越让农民自由发展、自主经营、扩展自由经济这一过程，立即合并小生产为集体公有制，农民就转变为依附集体、依附国家。这也意味着在某种程度上保存了与原先性质不同的依附与被依附关系。

人民公社的特点是“一大二公”。所谓大，就是规模大，即实行政社合一，工农商学兵五位一体，农林牧副渔全面发展。所谓公，就是公有化程度高，即消灭私有制和初级公社相比，此时的农村土地依然是集体所有、集体经营，只是公社化程度空前的提高。土地从此集体所有，集体经营，农民刚分到手还没捂热的土地又被收了回去，让那张盖有人民政府大印的土地证变成了没有任何权利意义的废纸。农民视土地为自己生存的依托，而新生国家建构了通过“集体化”走向共产主义的“剥夺性”话语体制，使得农民在意识形态和国家机器的双重强制下被迫放弃刚刚分到手的土地。不仅如此，国家还通过了统购统销制和城乡二元分离的户籍制度建立了对农民的强制性剥夺体制，数亿被“集体化”了的农民在失去最基本的人身自由状况下经受着代表城市利益的国家的无情剥夺。而这些强制性管理和剥夺的违犯宪法的行为，却因“革命”赋予了绝对的合法性。

在人民公社化运动中，许多地方混淆了全民所有制和集体所有制的界限，混淆了社会主义和共产主义的界限，刮起了一股“共产”风，严重侵犯了农民的经济利益。人民公社化的农地制度安排最大的特点是，土地在一个更大的范围内使用，原属于个人所有的土地已完全归集体公有，农地的产权边界变得更加模糊不清，农户离土地的经营自主权越来越远，社员的农业生产积极性愈加低沉，农地制度的绩效进一步下降[34]。进一步脱离了生产力的现状，使生产关系遭到了严重的破坏。1950～1952年农业平均年增长13.1%，1955年增长8.5%，1956年增长4.8%，而1957年仅增长1.2%[35]。在传统的农业生产方式之下，这种产权制度明显不利于农地经营效益的提高。从产权制度理论来看，它超越了既存的技术条件：个人分散劳动的简单合并不能提高劳动生产率，反而会降低劳动效率；农地所有者对个人劳动的监督成本太高，无法调动个人的劳动积极性。因此，这是一种低效率的农地产权制度[36]。无论在理论上还是在实践上，人民公社体制及其相应的“公有公营”的农地制度，都是一种失败的制度选择，完全丧失土地产权和“退出权”的农民，生产积极性被严重挫伤，普遍运用消极怠工等“弱者的武器”来抵制集体化的劳动[37]。生产力决定生产关系，经济基础决定上层建筑的命题决定了高级社的建立已经脱离了当时中国的国情，已经超越了当时生产力的发展水平，事实说明片面的追求生产关系的升级，制度的超前变革只能带来生产力的破坏[38]。

纵观中国历史上农村土地制度变革的原动力，主要是生产力与生产关系的矛盾运动和人地矛盾的发展。新中国成立后，由于战争的特殊背景已经不复存在，和平时期影响土地制度变迁的还是生产力与生产关系的矛盾运动和人地矛盾的发展。由于共产党人对于怎样建设社会主义认识尚浅，只能在摸索中进行，所以出现了脱离生产力发展的超前变革生产关系的运动，初级社虽然搞的是土地入股、统一经营，但是农户还保留了土地的私有权，并可以按股分红，本质上仍然是土地的产权主体，所以，集中劳动、分工协作的优越性才得以发挥。而高级社和人民公社由于把社队作为集体土地的产权主体，造成了土地制度上的产权弱化和残缺，导致了劳动监督成本过高和劳动激励过低，农民“出工不出力”的现象十分普遍，最终使人民公社归于失败[39]。在这种制度困境面前，寻求适合我国农业生产力水平的土地制度安排也就是非常迫切的了！

## 包产到户——小岗村的第二次土地革命

哈佛大学经济学家德怀特·幅金斯曾经说过的一句话：“对于未来的改革者来说，中国经历的政治经验显而易见，但又常常被遗忘——改革进程中应该有明确的受益者。”中国是个农业大国，中国最大的问题就是农民问题。当代中国发展的足迹是与农民利益的改善息息相关的。改革开放30年，也是安徽小岗村改革30周年。30年前，小岗村揭开了中国农村改革辉煌的一页，由此，中国农村发生了巨大变化。目前，我国的农村同样面临着进一步的改革和创新，我们应该从小岗村那曾经辉煌的一页中得到什么启示呢？

## 无路可走时的生死契约[40]

小岗村隶属安徽省凤阳县小溪河镇，是淮河岸边的一个普通小村庄。1978年秋天的一个晚上，小岗村农民做出了一个大胆的决定：包产到户。以严俊昌为首的18位农民立下了“生死状”，约定：“我们分田到户每户户主签字盖章如此后能干不在（再）向国家伸手要钱要粮如不成我们干部作（坐）牢杀头也干（甘）心，大家社员也保证把我们的小孩养到十八岁。” 在这张生死契约的后面是各家各户挨个写下的姓名和按下的血手印。而这张揿满红手印的大包干秘密誓言，宣布了一种新的生产关系的悄悄降临。

当晚小岗村农民们就秘密地把原归生产队集体所有的包括土地在内的生产资料按人口分配到户。小岗村实行“大包干”一年就大变样。1979年11月，小岗村当年粮食总产量6.6多万公斤，相当于1966～1970年5年粮食产量的总和，油料总产量1.76万公斤，是过去20年产量的总和，不仅结束了20多年吃“救济粮”的历史，而且上缴国家粮食3200公斤。每年都向国家打报告要救济粮的安徽省肥西县，这年却打报告要求扩建粮仓，因为有1/4的粮食没处存放。小岗村农民的行动受到当时安徽省委领导人万里的秘密支持。1980年5月31日，安徽的做法，得到了邓小平的坚决支持。邓小平同志在听取了安徽省委的汇报之后，一锤定音，对小岗村的大包干进行了充分肯定，小平同志说：“‘凤阳花鼓’中唱的那个凤阳县，绝大多数生产队搞了大包干，也是一年翻身，改变面貌。有的同志担心，这样搞会不会影响集体经济。我看这种担心是不必要的。”党的十一届三中全会对“大包干”基本肯定，“大包干”如星星之火，迅速燃遍了中国农村大地。以“家庭联产承包责任制”命名的中国农村改革迅速在全国推开，其他地方也放手让农民去实践，去选择，去试验。经济学家林毅夫将其称为一场诱致性的制度变迁。

从1982年开始，中共中央连续5年发布5个“一号文件”，对以家庭联产承包责任制为核心内容的农村政策一步一个脚印地进行充实和规范，从而使家庭联产承包责任制成为“党的农村政策的基石”。家庭联产承包责任制赋予农民部分土地产权和生产自主权，农民生产积极性空前高涨，粮、油、棉产量连年增加，甚至翻番，农民生活普遍改善。整个20世纪80年代，中国农村一片欣欣向荣，农村面貌发生了翻天覆地的变化。当时国务院的调查报告显示，在农村实行的以家庭联产承包为主的责任制后，农村形势一派大好：农民生产积极性空前高涨，农业生产连年增产，基本解决了新中国成立30年来没有解决的吃饭、穿衣问题。

小岗村的制度创新再一次告诉我们，产权制度安排的创新可以极大地提高生产的效率。产权界定的模糊导致交易费用的提高和劳动者及管理者的激励不足，造成经济效率低下。以集体共同劳动为特征的人民公社体制，由于在集体劳动中监督者很难从直观上判断耕作者在集体劳动中是否密集地投入了劳动，监督者很难让偷懒者为自己的偷懒行为付费，同时作为监督者由于缺乏激励机制，也不愿过多投入精力对劳动者进行管理和监督。作为理性的经济人，当农民意识到自己偷懒也可以获得和勤劳者一样多的经济收益时，集体劳动中的偷懒行为就会普遍化，这增加了交易费用。

而农村承包责任制的改革，是以家庭为生产单位，把农村的土地等生产要素的占用权、使用权及收益权划分给农民，让农民在生产要素上的投入（劳动）与收益相对称，刺激农民的生产积极性，获得更高的收益。这实质上是一种产权制度的重新安排，也是农村生产要素产权明晰的过程。小岗村实行包干到户，将土地等生产资料的产权重新进行界定，所有权仍归集体，占有权、使用权、收益权都归农民，明晰了土地等生产要素的产权，同时对以生产队为主的集体经济实行淡化，以家庭作为生产经营单位，实行“交足国家的，留足集体的，剩下都是自己的”，农民的劳动与物质投入与其得到的收益相对称，调动了农民的生产积极性，刺激农民提高农业技术，增加投入，也达到了降低交易费用、提高经济效率的目的。

小岗村18位农民的“壮举”是中国农民为生存打拼而进行的“井

喷”，然而，他们为生存而斗争的影响又不亚于一次新的土地革命，这场革命是中国农民的一大发明创造，小平同志称之为“中国农民的伟大创举”。

## 走过辉煌的小岗村

经济学家认为任何一项制度变迁的效率是有阶段性的，它不可能永远都起作用。制度总是从不均衡状态到均衡状态，经过短期的均衡以后，又进入到另一种不均衡状态。

随着我国工业化的发展，城市化的推进，农地流转不畅、农地大量抛荒、农民增收缓慢等问题不断涌现。家庭联产承包责任制的弊端也日益突显，迫切需要新的制度安排来排忧解难，“制度也要新陈代谢”。站在今日中国发展的长河中来看，家庭联产承包责任制下的小农经济形式已经无法让农民走上进一步富裕的道路，中国的家庭联产承包责任制这一制度变迁的效率已释放殆尽，现有的农村土地产权制度也迫切需要进一步的制度创新。

链接1：今日小岗村：一年超越温饱线，几十年没过富裕坎

1978年，小岗村因为带头搞了土地“承包”（大包干），便成了农村致富的典型。有些人，甚至把它说成是“闯出一条拯救中国农村经济”的“新路”。然而，20年后，当人们再去探访小岗村时，却发现她一年超越温饱线，20年没过富裕坎[41]。“承包”带来了一些问题，例如，由于一家一户，力量分散，很难拓宽致富门路，很难合理组织人力物力，很难进行规模经营。

链接2：严重的土地抛荒

江西省宜黄县（农业县）统计局副局长李昌金透露，到2008年，该县26多万亩耕地中全年性抛荒的保守估计已高达到12%。另外还有大量农田是三季种两季，两季种一季。而根据浙江台州农业局的统计，台州市因各种原因造

成的全年性抛荒面积约占耕地面积的0.4%，其中冬季抛荒占比高达94%[42]。

链接3：最后一块耕地的消失——被征地农民权益的缺失

随着中国工业化和城市化进程的加快，失地农民也越来越多，而在征地过程中，失地农民的权益又没有得到合理的保障。施尧村是南昌市近郊的一个农村，随着南昌城市建设的扩展，这个村的土地大部分被企业和政府所征用。2002年9月26日，南昌市近郊的一个农村的村委会租来3台推土机，在村负责人的带领下开进了就要收割的稻田。轰鸣的机器碾压过正在成熟的稻田。这个城郊农村的最后80亩耕地，稻谷埋进了土里……村委会只按照每亩4000元给予补偿，从此农民没有了土地，没有了生存的根源。

美国经济学家M.P.托达罗曾经指出，在亚洲，“农民最终穷困潦倒是土地分割、经济的脆弱性以及土地被富人和有权势的地主所剥夺的结果”[43]。相对于吃大锅饭、搞平均主义的人民公社而言，家庭联产承包责任制的确是一个伟大的创举，极大地释放了农民的生产积极性，促进了生产力的大发展。但任何创举到一定的时候都会变得陈旧而缺乏生气，当经济社会发展到世界一体化的今天，从一家一户的经济模式角度来说，家庭联产承包责任制实际上仍然是一条越走越窄的小农经济的“老路”。

“细碎化”的土地种植模式已经逐渐成了农业现代化的主要障碍。分散化的经营无法实施机械化，于是耕牛至今在农村依然有无法撼动的地位，劳动效率自然也上不去。细碎化的土地被每一个农民视为鸡肋，抛荒可惜，但耕种又赚不到钱。在农村劳动力外出务工成风的情况下，抛荒也许是一种理性的选择！

发展经济学家金德尔博格有一句至理名言：“如果国家给农民以土地的所有权，他们会把沙漠变成绿洲；如果让农民以租赁的方式来经营土地，他们又会把绿洲变成沙漠。”[44]近年来，政府和学界达成了一个共识：解决农民问题的根本出路在于通过加快城镇化、城市化、工业化、减少农民数量，有望使我国日益严峻的“三农”问题有所缓解。然而，在新一轮城市化和工业化的热潮中，近四千万农民成为无地、无业、无社保的“三无农民”。对此，一些学者提出了叫停城市化和反对市场化的口号。笔者认为，问题不在城市化、工业化和市场化本身，而是在于我们的农村土地制度安排，这些问题是在特定的土地制度框架下才能得以泛滥不止或者无法得以解决的。

目前我国农村土地制度存在的问题还很多，土地荒芜、农民失地只是其中的两个方面，还有小产权引发的所有权问题以及适应社会化生产、现代化发展的农地流转问题，等等，这些都是迫切需要我们去认真面对和解决的。在现有的制度框架内，我们摸索了很多年，但到目前为止，仍然没有找到一条绝妙的出路。也许，重温小平同志提出的“两个飞跃”的内涵会给我们一些重要的启示。

## “两个飞跃”——科学的发展观

在实行家庭联产承包责任制不久后的1990年3月，邓小平在同中央负责同志谈话时明确指出：“中国社会主义农业的改革和发展，从长远的观点看，要有两个飞跃。第一个飞跃，是废除人民公社，实行家庭联产承包为主的责任制。这是一个很大的前进。第二个飞跃，是适应科学种田和生产社会化的需要，发展适度规模经营，发展集体经济。这又是一个很大的前进，当然这是很长的过程。”[45]

邓小平关于农业发展“两个飞跃”的思想，内涵丰富，寓意深刻。所谓农业发展的“两个飞跃”，实际上代表了农业改革与发展的两个阶段，是在我国农业生产力不同发展水平的基础上进行的双重变革和采取的两个战略步骤。第一个飞跃，是废除人民公社，实行家庭联产承包责任制为主的土地制度安排。这是我国农村经济的一次重大变革，是亿万农民的伟大创造。彻底突破了人民公社和生产队的平均主义和吃大锅饭。到1983年底，全国589万个生产队，实行包干到户的占97.8%，实行包产到户的占1.7%。至此，以“包干到户”为主要形式的家庭联产承包责任制在全国普遍实行。邓小平同志不仅对率先实行包产到户的地方予以肯定，给予大力支持，而且明确指出，废除人民公社，实行家庭联产承包责任制，是我国农业改革和发展的“第一个飞跃”，要长期坚持不变。这不仅充分体现了邓小平在指导农业和农村发展上充分尊重群众的意愿和首创精神的思想，而且也是他对我国农村发展历史经验的深刻总结。第二个飞跃，是适应科学种田和生产社会化的需要，发展适度规模经营，发展集体经济。家庭联产承包责任制虽然为中国农业的起飞创造了现实的组织基础，是中国农村改革与发展的第一个飞跃。但它毕竟是一种小农生产形态，很难提高规模效益和不断增加农民收入。因此，在温饱问题解决以后，如何深化农村改革，把一家一户的家庭经营引向大规模的商品生产，进一步解放和发展生产力，成为农业改革和发展的重大问题。正是在这种情况下，邓小平在肯定包产到户的同时，针对当时一些人对“包产到户”会影响集体经济的担心，于1980年5月31日明确提出：“我看这种担心是不必要的。我们总的方向是发展集体经济。”“只要生产发展了，农村的社会分工和商品经济发展了，低水平的集体化就会发展到高水平的集体化，集体经济不巩固的也会巩固起来。关键是发展生产力，要在这方面为集体化的进一步发展创造条件。”[46]1984年后，我国农业生产在经历连续6年的高速增长后出现了新的徘徊。对此，邓小平也指出要通过改革解决农业发展后劲问题，并站在战略的高度，再次提出了农业发展“两个飞跃”的思想。

邓小平关于农业发展“两个飞跃”的重要论断，第一次清晰地指明了我国农业发展必须经历两个阶段，并阐明了两个发展阶段的内在联系。从实践来看，“第一个飞跃”是“第二个飞跃”的前提和基础，“第二个飞跃”是“第一个飞跃”的必然趋势。邓小平所以强调家庭承包制“要长期不变”，是预见到第二个飞跃“是很长的过程”，需要在一段很长的时间内，让农户在市场经济环境中自主决策，独立经营，发展商品生产。从

“两个飞跃”论断中，我们清晰地看到：第一，集体经济的发展状况是我们追求的目标，集体化是我们所走的道路；第二，集体化道路是建立在生产力发展水平和农民自觉自愿的基础之上的，生产力水平不同，农民的需要和认识水平不同，集体化的表现形式和程度不同；第三，为适应科学种田和农业生产社会化的需要，发展的是适度规模经营，是基于土地产权等生产要素的组合，而不是人民公社式的集体化劳动；第四，发展生产力和调动农民生产积极性，提高农民认识水平，对于坚持我们党所指引的道路是十分重要的，而这些是要靠有效的产权制度来保证的。

## 古代中国的强盛缘于与之相适应的产权制度

小农经济本来主要是农民的自发经济，也是简单的“习惯经济”。《击壤歌》有“日出而作，日入而息；凿井而饮，耕田而食。帝力于我何有哉”的话，可说是两千年间我国农民的一致心声。整个中国在从部落向王朝国家的发展过程中，很早就形成了中央集权式的政治体制，这个庞大的官僚体系的财源却主要建立在结构简单，但数量庞大的小农经济基础之上，历代统治者深明“无农不稳”的道理，“重农抑商”是一贯之举。中国历代王朝之所以重视和维护小农经济，目的主要在于巩固自己的统治。历史上汉唐明清盛世，历代王朝差不多主观上都采取重农抑商政策。小农经济基础上的地主对农民的剥削制度，同时也是中央集权的专制统一帝国的重要统治工具。在小农经济思想的主导下，中国历朝历代对土地管理也形成了与之相对应的土地管理模式。由于历朝统治者牢牢掌握限制人口流动、抑商重农的秘诀和法宝，土地制度的变迁便呈现出一段基本脉络，那就是在保证国家利益的前提下尽可能地接近耕者有其田。这是一个由国家所有向耕者所有发展的漫长过程。

秦以前的“井田制”为土地公有制，到战国后期，土地私有乃当时大势所趋，战国以后长期实行国有为主导的双重所有，主要标志是授田制、均田制。中唐以后，向民有为主导发展，两税制标志编户齐民开始长期稳定的占有土地。宋朝“不立田制，不抑兼并”，国家以扩大官田为手段竭力保持对土地的控制，又推动了租佃制的发展。元朝后退到以国有为主导，官田、屯田数量也进一步扩大。明以后重新向民有为主导发展，土地兼并的速度也很快；江南一带出现了永佃权。清代能够占领整个国家，能够圈占、圈换民田，但其农奴制的经营很快就让位给了租佃制。土地作为巩固政权的基石，历代统治者都把土地作为一种重要手段把人口禁锢于土地之上，逐步形成了严密的封建统治制度。中国历史发展至唐宋，封建制度把我国一度造就为所谓当时世界上最庞大先进、最富庶繁荣的封建帝国。到清代仍然维持了“康、雍、乾盛世”，虽然此时的中国其实只不过是近4亿人口规模的封闭式小农经济。到此时，正值西方资本主义萌芽时期，中国却由于土地制度的缺失形不成累积发展从而能获得质变的生产力，使中国无法由自身生产力发展而获得观念更新并积蓄足够社会物质力量，进而自主实现向资本主义社会形态的过渡与转变。

纵观整个古代中国社会的经济发展历程，在几千年中能一直处于世界领先地位和经济巅峰的时刻，其中一个最重要的原因是当时中国统治者制度设计与中国封建社会的生产关系相适应。而近代却没能从封建经济发展为资本主义经济，这与传统的“重农抑商”的观念和自给自足的自然经济占主导地位是密不可分的。无论在那个社会时期，经济的发展的水平总是和这个社会制度的政治制度和政治形式是相辅相成。中国古代经济发展从一个侧面也说明了一个完善的先进的政治经济制度是促成经济迅速快捷发展的一个重中之重的因素。

## 关于“李约瑟难题”

英国学者李约瑟于20世纪30年代开始研究中国科技史时提出了一个问题。1976年，美国经济学家肯尼思·博尔丁称之为“李约瑟难题”。李约瑟难题的表述方式是：为什么在公元前2世纪至公元16世纪之间，在将人类的自然知识应用于实用目的方面，中国较之西方更为有效？或者，为什么近代科学，关于自然界假说的数学化学及其相关的先进技术，只是辉煌而短暂地兴起于伽利略时代的欧洲？李约瑟难题进一步推广，出现“中国近代科学为什么落后”、“中国为什么在近代落后了”等问题。李约瑟博士认为，直到15世纪中国的科学技术还一直处于世界领先水平，当时中国是一个统一的大国，经济上已经发育了一定的市场经济的因素，劳动力已经高度社会化，中国早已拥有了西方工业革命必备的四大发明，在大多数主要科学技术领域内中国早已领先于西方。按照传统经济学的解释，中国此时的技术存量已经具备了发生重大科技进步的所有基本经济条件，因为“那些被经济学家和历史学家认作是产生了18世纪英国工业的所有主要条件，在14世纪的中国几乎都存在了”，但结果是科技革命和工业革命不仅没在早已具备这些条件的中国发生反而在近代大为衰落下来。反观西方国家，尤其是早期资本主义国家的荷兰和英国等国在近代却迅速崛起而超越了东方，即使是对西方资本主义世界进行了无情批判的马克思也不得不承认，资产阶级争得自己的统治地位还不到100年，它所造成的生产力比过去世世代代总共造成的生产力还要大、还要多。近代东西方大落大起的原因成为人们竞相解答而又难以解答的“死题”。

## 荷兰和英格兰首先崛起的启示

美国诺贝尔经济学奖获得者诺斯比较分析了西欧各国近代以来的经济增长经验后指出，在16～17世纪的早期英国和荷兰，最早进行了产权结构方面的变革，界定了明确的产权，形成了完整的产权制度，从而从制度上激发和保护了经济领域内的创新活动，正是这些为后来的工业革命打下了基础。由于优越的制度环境建设，促进了英国早期商业经济和手工业经济的发展。英国建立并努力维护市场交易的种种法规，尤其是严格打击垄断，推动弱小主体公平竞争，经济发展带动了人口增长，使英国最早走出了马尔萨斯的饥荒周期律，推动了资本主义萌芽。英国到1700年经历了持久的经济增长。从西班牙统治下独立出来的荷兰也成为强大的海上贸易国家，工商业发达，并称霸一个世纪。两个国家首先在西方世界兴起。17世纪兴起的欧洲各民族国家之间经济出现不同增长率的原因可以从每个国家建立的产权的性质中找到。诺斯一针见血地指出近代英国和荷兰“在这两个国家，持久的经济增长都起因于一种适宜所有权演进的环境，这种环境促进了从继承权完全无限制的土地所有制、自由劳动力、保护私有财产、专利法和其他对知识财产所有制的鼓励措施，直到一套旨在减少产品和资本市场的市场缺陷的制度安排”。

产权法律制度的纷纷确立提高了经济效率，降低了交易成本，优化了资源分配，为近代西方世界的兴起奠定了正式制度的基础。而近代西方世界的兴起缘于有效产权制度的建立和实施，产权的独占性或私有性是解读经济发展奥秘的钥匙。诺斯的理论为我们指出了制度的合理安排与创新在经济增长中的重要作用，揭示了近代以来世界经济快速增长的真正奥秘。诺斯认为，“在过去的几个世纪，西方人已经冲破了赤贫和饥饿困扰的社会束缚，实现了只有相对丰裕才可能达到的生活质量”。诺斯的理论为我们指出了制度的合理安排与创新在经济增长中的重要作用，揭示了近代以来世界经济快速增长的真正奥秘。

## 中国经济发展的历史和现实

中国经济数千年的发展历史，其间兴衰反复，曲折发展，古代中国在制度上是优于西方世界的。当中国的封建社会高度发达时，西方世界仍旧处于黑暗的宗教统治，而且中国的封建制度比西方世界庄园制度更有利于社会和经济发展。古代中国经济繁荣是东方最为璀璨的明珠，远远超过了美洲大陆和欧洲大陆，主要原因是古代中国不仅在人口，而且在农业生产技术、制度等方面都优胜于西方世界。明清之际，长期处于封建社会的中国江南社会的资本主义经济萌芽并没有改变中国社会和经济的历史轨迹，在过于强大的农业经济和小农社会下，中国资本主义经济发展缓慢。鸦片战争以后，西方世界的侵略更是对资本主义经济发展的最不利影响。中国近代的洋务运动大量引进和学习西方的先进科学技术，但是在封建中国的制度条件下，所有的努力都归于泡影。从世界范围来看，公元1500年以后的300年正是世界工业化的起步阶段，而正是这个阶段，中国失去了与世界工业化同时起步的战略机遇，西欧追上中国并超过中国。从1820年到1949年，是世界加速工业化的黄金时期，而此时中国的传统农业社会破产，工业经济发展受到遏制，失去通过工业化和市场化发展的历史机遇，中国经济从此落下了与西方发达国家同步前进的步伐。就整个资本主义的发展历史进程来看，资本主义的几百年的发展史，就是消灭小农经济的历史，就是工业文明征服农业文明的历史，也是农业屈服于工业并为工业提供原料和初级产品的历史。反观中国，明朝中后期丰富的商品在没有国家肯定物权的环境下，难以转化为充足的资本，即新生的商业资本没能做大，不能带来更多的用于生产的资本，资本主义经济活动的这个核心基础就难以建立起来。可以这么说，中国的落后从16世纪已经开始了，而落后的重要原因之一是商品经济难以在固有产权制度安排下获得成长的机会。从本质上看，近代中国经济的落后在于制度的落后。

这之后，历经资产阶级革命、新民主主义革命和社会主义革命，中国在很短的历史时期内完成西方几百年的历程，经济的发展落后于西方世界，直至今天，仍旧与西方发达国家有较大的差距。进入现代，中国在一定程度上通过新的制度优势的迅速积累快速发展经济。上世纪70年代末，中国农村在困境中奋起改革，在没有任何技术进步的条件下，仅仅推行一项家庭联产承包责任制，就在短期内解决了30年未曾解决的吃饭问题。特别是1978年以后，中国经济进入快速发展的历史时期，近十几年来，中国经济主要指标——国民生产总值发展速度都超过7%，被誉为“经济奇迹”。现代中国经济的快速发展原因是制度的优越性，社会主义制度有利于落后国家的快速发展，而且具有比资本主义更加有利的条件来建立合理公正、科学、可持续发展的经济体系。从本质上看，现代中国经济的腾飞根本原因在于制度设计适应了经济基础的要求，解放和发展了生产力。

## 产权制度的建立成为经济发展的秘笈

1973年，美国著名经济学家道格拉斯·诺斯在其广为人知的著作——《西方世界的兴起》中指出："有效率的经济组织是经济增长的关键，一个有效率的经济组织在西欧的发展正是西方兴起的原因所在。"有效率的经济组织的产生，需要在制度上做出安排和确立产权，以便对人的经济活动造成一种激励效应，一个社会如果没有实现经济增长，是因为该社会没有为经济方面的创新活动提供激励，也就是说没有从制度方面去保证创新活动主体应该得到的最低限度的报偿。诺斯认为，西方所以产生了资本主义，是因为它形成了一套有利于资本主义发展的制度安排，其中最重要的是所有权的确立。

诺斯认为，是一系列制度方面的变化给产业革命这一根本性的变革铺平了道路，把制度创新与产权理论结合起来，指出决定经济增长的是制度性因素而非技术性因素。所以，诺斯认为产业革命不是现代经济增长的原因之所在，而恰恰是其结果。经济增长的关键在于制度激励，一种提供适当的个人刺激的有效的制度是促使经济增长的决定性因素。如果所有权不确定，个人合法的产业及收入没有合法保障，或者说，如果没有制度的保证和提供个人经营的刺激，近代工业就发展不起来。该书引导人们从现代所有权体系和社会制度漫长的孕育过程中寻找经济增长的原因，对经济增长历史动因的解释从生产技术转移到了人。产权作为一种财产所有权，是一种人们对一定财产所享有的垄断的或排他性的权利，"产权制度既涉及对产权的界定，又涉及对产权的保护"。法律经济学从定量化的微观经济学视角出发，具体和系统地论述了产权法律观念和制度在经济发展中所起到的决定性作用，进而揭示了西方在近代兴起的奥秘。

我们今天面临的最大任务是根据现实发展的需要建立起一整套具备市场经济体制内在素质的经济法律制度。在广义的生产力系统中，制度是一种重要的要素，任何其他要素的存在都是在既定制度条件下的存在。在新制度经济学家的视野里，制度不仅是经济的外在因素，而且还是经济的内生变量，制度是经济发展的关键性因素，在一定程度上可以认为，制度决定了经济效率。当我们希望改变经济现实并实行变革时，我们也可以运用手中的这一制度利器，通过更新设计制度的方法促使人们沿着立法者心目中理想的制度通道去追逐各自的利益，并最终在社会成员交叉行为的反复运动过程中建立起崭新的经济体制。挑战就是机遇，应当十分珍惜和把握这一千载难逢的机遇，以适度的制度创新为辅，充分利用经济制度对经济基础变革的强大反作用力，在空前的广度与纵深上推进经济体制的进一步改革，让我们着眼于产权制度改革，通过产权制度的建立和完善，彻底解决困扰我国多年的这一世纪难题。

**如上所述，我们通过产权制度这个独特的视角，对中国自夏商周以来3000多年的历史发展进程进行了分析，并在近代发展史论述对中西方发展路径的选择进行了对比。我们之所以在历史的天空中着重论述土地产权制度的演进历程，原因在于土地产权是决定哪些年代社会微观经济基础的基础。**

**在古代，我国封建小农经济结构与当时的生产力发展水平是相适应的，以小农经济为基础构建的生产关系是先进的，曾经造就了大唐帝国这样的开明盛世。在近代，随着商品经济的出现，需要新的微观经济基础为其提供腾飞的条件，但由于当时封建小农经济的惯性和自我满足的心态，中国当时并没有变革；而西方就变革了，形成了以产权制度为基础的微观经济制度，所以它迅速崛起，中国迅速落后。**

**在当代，红色革命实践的成功与失败，都在微观经济基础是否适应生产力发展的问题上得到印证。**

**历史清晰地告诉我们：无论是在古代、近代还是现代，产权制度对社会进**

退、经济兴衰的影响是很大的。产权是微观经济的基础，而微观经济制度对社会的进步、经济形态建立和生产力发展的影响是很大的。

回到当前，党的十六届三中全会提出把建立健全现代产权制度作为完善社会主义市场经济、完善基本经济制度、构建微观经济基础的主要内容，进一步印证了历史告诉我们答案的正确性。在完善社会主义市场经济的关键阶段，我们要做的就是建立健全现代产权制度，来夯实微观经济基础。那么，为什么产权制度能够在社会进程中扮演如此重要的角色呢？下面我们就产权与产权制度本身来揭示产权的秘密。

## 注释

1. 《孟子·滕文公》。
2. 班固，《汉书》，北京：中华书局，1962，54页。
3 黄今言，《秦汉赋役制度研究》，南昌：江西教育出版社，1988，40页。不同的观点参见郑学檬主编《简明中国经济通史》，北京：人民出版社，2005，65页。
4. 据《汉书·东方朔传》载，汉武帝为了扩建皇家上林苑，将丰镐之间售价“亩一金”的肥沃民田强行占有，而偿以“属县草田”即城郊蛮荒土地。
5. 王红雷，《析中国古代土地制度之演变》，《发展》，1996.2，33页。
6. 《宋史·石守信传》。
7. 《邵伯温闻见录》。
8. 《续资治通鉴》卷六。
9. 《宋史·高宗纪》。
10. 《越中金石志》卷四，“嵊县学田记”。
11. 傅衣凌，《明清农村社会经济》，71页。
12. 魏礼，《魏季子文集》卷八，“与李邑侯书”。
13. 《清代地租剥削形态》，《资料》下册，596页。
14. 档案，乾隆四十六年九月二十八日皖抚农起题。
15. 章有义，《明清徽州土地关系研究》，中国社会科学院出版社，1984，104页。方行，《中国经济通史》，1803页。
16. 《江海学刊》，1963.1，30页。
17. 《北华捷报》，1856.10.4，323页。译文引自简又文的《太平天国典制统考》，546页。
18. 《忆昭楼时事汇编》，《太平天国资料丛编剪辑》（五），382页。
19. 《毛泽东选集》第3卷，人民出版社，1991，1075页。
20. 《孙中山选集》下卷，人民出版社，1956，810页。
21. 秦孝仪，《革命文献》第73辑，台北：中央文物供应社，1977，161~162页。
22. “打土豪、分田地”的口号标语最先出现在1927年的文家市，至今全国重点文物保护单位秋收起义文家市会师旧址还保存有当年所写的这条标语。
23. 《晋察冀边区财政经济史资料选编》，南开大学出版社，1984，50页。

24. 《关于根据地减租减息的一些材料》，《光明日报》，1942.2.11。
25. 《毛泽东文集》第5卷，北京：人民出版社，1996，324页。
26. 董辅礽主编，《中华人民共和国经济史》上册，经济科学出版社，1999，137~138页。
27. 宁可主编，《中国经济发展史》（五），中国经济出版社，1999，2675页。
28. 董辅礽主编，《中华人民共和国经济史》上册，经济科学出版社，1999，141页。
29. 陈海秋，《改革开放前中国农村土地制度的演变》，《绥化师专学报》，2003.3。
30. 彭俊平，王文滋，《新中国党的农村土地政策述论》，《理论导刊》，2002.11，33页。
31. 徐琴，《新中国农地制度：绩效与变迁》，《学海》，2006.5，18页。
32. 彭俊平，王文滋，《新中国党的农村土地政策述论》，《理论导刊》，2002.11，34页。
33. 杨德才，《我国农地制度变迁的历史考察及绩效分析》，《南京大学学报》（哲学·人文科学·社会科学），2002.4，62页。
34. 杨德才，《我国农地制度变迁的历史考察及绩效分析》，《南京大学学报》（哲学·人文科学·社会科学），2002.4，63页。
35. 李德彬，《中华人民共和国经济史简编》，湖南人民出版社，1987，250页。
36. 谢迪斌，《20世纪以来中国农地产权制度的演变特征与启示》，《学术研究》，2005.5，32页。
37. 徐琴，《新中国农地制度：绩效与变迁》，《学海》，2006.5，18页。
38. 赵雪梅，《论新中国的农业制度创新》，《武汉大学学报》，2001.54.3，303页。
39. 彭俊平，王文滋，《新中国党的农村土地政策述论》，《理论导刊》，2002.11，35页。
40. 王在华，《嵖岈山曾建中国首个人民公社，今成旅游基地》，《东方今报》，2008.4.18。
41. 陈窗，曾德方，《小岗村：一条越走越窄的小农经济"老路"》。
42. 引自《粮惑调查：国内农民种地不挣钱，频现耕地抛荒》，南方周末，2008.4.42。（http://business.sohu.com/20080424/n256496633.shtml）
43. 托达罗，《经济发展与第三世界》，中国经济出版社，1992，271、276、292页。
44. 罗必良，《政府、市场及意识形态》，香港：中国数字化出版社，2003，343页。
45. 《邓小平文选》第3卷，北京：人民出版社，1993，355页。
46. 《邓小平文选》第2卷，北京：人民出版社，1994。

TWO

# Chapter 2

# 产权的秘密 | 第二章

CHANQUAN DE MIMI

## 本章导读

改革开放以来，我国经济保持持续快速增长，农业得到较快发展，农民生活得到较大改善，社会事业得到全面发展，城乡面貌发生深刻变化。自2004年以后，中央连续发布了6个一号文件来确定农村经济发展战略，始终坚持把解决好“三农”问题作为全党工作的重中之重。通过“工业反哺农业”发展战略和“多予、少取、放活”指导方针及其他一系列政策措施，加大了对农村的资金投入，取得了显著的成果。但是，城乡发展不平衡、农业基础薄弱、农村发展滞后的局面尚未根本改变，城乡居民收入差距扩大的矛盾依然突出，“三农”问题还未从根本上予以破解，“农民工”问题、“征地拆迁”问题等新情况、新矛盾和新问题，在很大程度上制约着我国“社会和谐”的构建并逐步成为社会各界高度关注的热点和焦点。原因何在？本章将通过探求产权的秘密来揭示其中的奥妙，掀开这一神秘面纱。

## 认识产权

哈丁在《公地的悲剧》讲述了这样一个故事：一群牧民在同一块公共草场放牧。一个牧民想多养一只羊来增加个人收益，虽然他明知草场上羊的数量已经太多了，再增加羊的数目，将使草场的质量下降。牧民将如何取舍？如果每人都从自己私利出发，肯定会选择多养羊获取收益，因为草场退化的代价由大家负担。每一位牧民都如此思考时，“公地悲剧”就上演了——草场持续退化，直至无法养羊，最终导致所有牧民破产。

“公地悲剧”同样出现在15、16世纪的英国，草地、森林、沼泽等都属于公共用地。由于英国毛纺织业和对外贸易的发展，养羊业发展很快，于是大量羊群进入公共草场。不久，土地开始退化，“公地悲剧”出现了。于是一些贵族通过暴力手段非法获得土地，开始用围栏将公共用地圈起来，据为己有。这就是响彻历史的“圈地运动”。“圈地运动”使大批的农民和牧民失去了维持生计的土地，历史书中称之为血淋淋的“羊吃人”事件。但是“圈地运动”的阵痛过后，英国人惊奇地发现，草场变好了。由于土地产权的确立，土地由公地变为私人领地的同时，拥有者对土地的管理更高效了，为了长远利益，土地所有者会尽力保持草场的质量。同时，土地兼并后以户为单位的生产单元演化为大规模流水线生产，劳动效率大为提高。而英国正是从“圈地运动”开始，逐渐发展为日不落帝国[1]。

### 对物的先占导致了物权的发生

人们需要借助于财产才能生活，而财产有限，人类却生生不息，繁衍不止。由于资源的稀缺性，早在原始社会时期，人们对自己生活周围的无主物的先占导致于物权的发生。物权发生最重要意义在于确定财产的归属，确定财产的分界，以防止对财产的争夺、侵占。对此，马克思认为，

“私有财产的真正的基础即占有，是一种事实”[2]。国家的产生与法律的产生，对物的排他的占有关系受到法律的确认后，这种关系也就具有了法权的性质。物权制度也就应运而生了，物权制度的价值在于物权制度的价值和作用乃在于“定分止争”，使特定的人仅可在一定范围内支配外部世界的财产，以保障财产的归属秩序、利用秩序。

## 物权发展和产权概念的产生

人类社会产生真正的物权观念，肇始于古罗马法时代，但是在罗马法的全部法律文献中，始终未见“物权”一词。“物权”一语正式见于民法典上，就是1811年《奥地利民法典》对“物权”一词的规定。该法典第307条规定：“物权，是属于个人的财产上的权利，可以对抗任何人。”1896年公布的德国民法典遂把财产权区分为物权和债权，标志着从罗马法以来，物权法在名正言顺的名称下已然完成了它的立法化。罗马法是古代社会最发达最完备的法律体系，是以私有制为基础的法律的最完备形式。它建立在简单商品经济基础上，随着商品生产与商品贸易的不断发展与繁荣而发展完善。毋庸置疑，罗马国家奴隶制商品经济的高度发展，正是促成其法律与法学发达完善的最根本原因。西欧封建社会仍沿袭罗马法物和财产的概念，随着资本主义商品经济的发展，西方诸国财产的范围迅猛拓宽。为了加快资本积累和生产集中，合理配置生产要素，股票、债券等有价证券大量出现，成为新的物的形式，知识产品也成为民事权利的保护对象。这时的物权已经不仅局限于有体物，英美法系“财产”一词具有宽泛的意义。英美普通法至今认为，“财产是一组权利。这些权利描述一个人对其所有的资源可能占有、使用、改变、馈赠、转让或阻止他人侵犯”[3]。这里财产也是作为法律制度上的财产权使用。两大法系的财产权制度大陆法系财产权制度在罗马法中已经取得较为固定的形式，并经德国民法典的发展而臻于完善。

## 产权的概念

产权，即财产权力（Property Right），到目前为止，人们对产权的概念有着各种不同的理解和认识。现代产权经济学者科斯在《财产权力与制度变迁》一书中这样定义：“产权是一个社会所强制实施的选择一种经济品的使用的权利”，是“行动团体对资源的使用权与转让权，以及收入的享用权”，它揭示了“人们对物的使用所引起的相互认可的行为关系”。德姆塞茨说产权是指“产权的所有者拥有他的同事同意他以特定的方式行事的权利”。配杰威齐认为“产权是因为存在着稀缺物品和其他特定用途而引起的人们之间的关系”，“产权详细地表明了在人与人之间的相互关系中，所有的人都必须遵守的与物相对应的行为准则，或承担不遵守这种准则的处罚成本”[4]。我国著名经济学家张五常认为，“产权一般包括资源的排他性使用权，通过使用资源而获取租金的收益权，以及通过出售或其它办法转让资源给他人的转让权”[5]。科斯关于产权的概念，与我国《民法通则》中关于财产所有权的定义有类似之处，我国《民法通则》中表述的财产所有权，“是指所有人依法对自己的财产享有占有、使用、收益和处分的权利”。在我国，一般认为产权是指民事权利主体所享有的具有经济利益的权利，包括以所有权为主的物权、债权、继承权和知识产权等，是一定社会的物质资料占用、支配、流通和分配关系的法律表现。

## 产权的分类

产权类型的划分可从产权概念的外延和内涵两方面考虑。以产权的外延为划分标准，产权类型可分为公有产权和私有产权、企业产权和个人产权、法人产权和自然人产权、原始产权和派生产权等。以产权的内涵为划分标准，产权类型可分为所有权、他物权、债权、知识产权和人力资源权等。下面简要介绍几种类型。

第一，公有产权和私有产权。以国家或集体作为权利主体的产权形式为公有产权；以私人为权利主体的产权形式为私有产权。目前，在我国实行社会主义市场经济的条件下，实施公有产权和私有产权并存是很有必要的，有利于社会经济的发展。因为当公有产权和私有产权面对同一客体时，私有产权主体的排他性约束比公有产权要来得有效，且实现约束的成本相对较低。但公有产权在维持全体成员的平均利益最大化方面要优于私有产权，如果排除滥用公有产权现象，从产权运作的社会成本来看，公有产权的优势在于能够以低于私有产权的运作成本来进行某些活动。

第二，企业产权和个人产权。企业产权是指以企业为权利主体的产权形式，除了某些企业（如合伙企业）以外，绝大部分企业都是以法人方式向工商行政管理部门登记注册的。按照我国《民法通则》的规定："法人是具有民事权利能力和民事行为能力，依法独立享有民事权利和承担民事义务的组织。"法人产权的确立，就使企业具有可能自负盈亏、享有权利和承担义务的能力，因此，企业产权的典型形式为法人产权。而以个人为权利主体的产权形式称为个人产权。每个个人都是自然人，因此，个人产权又称为自然人产权，在法律上自然人是与法人相对应的。具有一国国籍的自然人称为"公民"。按照我国宪法和法律的规定，公民的民事权利能力（享有民事权利，承担民事义务的资格）的内容是非常宽泛的，因此，个人产权较法人产权有诸多不同特点，其中最显著的方面在于：个人产权的行使可由自然人本身直接操作，而法人产权的行使必须要通过其法定代表人及其代理人来实施。由此可见，自然人产权主体可以使产权一体化，而法人产权则往往不能。

第三，原始产权和派生产权。生产方式与交换方式使财产的存在方式合一，运动形式合一，从而使产权合一地集中在一个产权主体手中时的产权称为原始产权；当生产方式与交换方式发生了变化，财产的价值形态运动与使用价值形态运动因信用制度等的发展相分离，不同的主体以财产不同形态的运动为控制对象，使得原来合一的产权分离开，并落在不同产权主体手中而产生的产权称为派生产权。原始产权与派生产权之间的关系是基于同一财产上所形成的基本产权关系，原始产权决定派生产权，派生产权依一定的法律程序产生，但原始产权可以依法对派生产权进行约束。

第四，所有权。所有权是指所有人在法律规定的范围内自由支配所有物并排除他人干涉的权利。具体而言，是指所有人依法对自己的财产享有占有、使用、收益和处分的权利。所有权具有全面性（完全性）、整体性、弹力性和恒久性等性质。根据所有权的特性，所有权是绝对权，在所有人行使权利时，不仅要求别人不干预，也不需要别人积极行为的协助；所有权是对世权，即所有权的法律效力能够对所有人以外的一切人发生；所有权具有排他性，即在一个物上只能设立一个所有权，所谓“一物一权”，而不能在一个物上同时设定几个所有权，否则将引起归属问题的冲突，但所有权会处于不稳定状态；所有权是一种最完全、最充分的物权。所有权在产权中处于核心地位。

第五，他物权。他物权也称为“定限物权”，是指所有权以外的仅在一定限度内对物进行支配的权利。以“定限物权”所支配的内容为标准，可区分为用益物权和担保物权。用益物权是以支配标的物的使用价值为内容的物权，例如地上权、典权、永佃权、地役权等。担保物权是指以支配标的物的交换价值为内容的物权，例如抵押权、质权等。法律上区分所有权与“定限物权”之实益，主要在于“定限物权”有限制所有权的作用并且其效力较优。例如，在同一块土地上，当土地所有权与土地使用权并存时，则后者较前者优先使用该土地。

第六，债权。按照法律的规定或者依照合同的约定，在当事人之间产生的特定权利称为债权。债权是对人权，即债权人与债务人都是特定的；债权是请求权，即债权的实现只能请求特定的义务人为一定行为或不为一定行为来实现；债权的客体可以是物也可以是行为；债权根据合同的约定或法律的规定所发生。另外，债权还反映财产的流转关系。债权除了依据法律来规范外，主要是通过合同（契约）关系来实现。合同（契约）关系则是债权债务关系中最普通最重要的关系。

## 产权的基本特征

基于理论界对产权的研究成果来分析，产权具备以下六个方面的特征。

第一，排他性。排他性是产权的决定性特征，它是指资产归谁所有及归谁支配、运营这样一组经济行为的法律关系，因此，产权主体明晰，资产归属明确是产权的基本特征之一。它又包含两方面的内容：一是明确所有者主体，即明确资产归谁所有、归谁使用等；二是明确所有者客体，即明确归某个所有者占有、使用和支配的是哪些产权和哪些权利。可见，排他性“不仅意味着不让他人从一项资产受益，而且意味着所有者要排他性地对该资产使用中的各项成本负责，包括承担排他性的成本”。

第二，可交易性。可交易性又叫可转让性，是产权的又一属性，它涉及所有权通过出售或捐赠等方式的变化，是商品经济高度发展的产物，它体现为资产交易市场中的动态性财产关系，还规定了交易过程中的资产权利界定。产权转让又有两种形式：一种是包括所有权各项权能在内的整个所有权的转让；一种是保留股权而将所有权的占有、使用、收益与处分权转让，形成法人资产权。新制度经济学家认为，“当稀缺资源的所有制是共有时，排他性和可让渡性都是不存在的，没有人会节约使用一种共有资源，也没有人有权将资源的所有制安排给他人”。

第三，可分解性。对特定财产的各项产权可以分属于不同主体的性质。例如：土地的狭义所有权、占有权、支配权和使用权分开来，分属于不同的主体。产权的可分解性包含两个方面的意义，即权能行使的可分工性和利益的可分割性。产权的可分离性可以增加财产的有用性，使具有不同需求和知识的人们将某项独特的资产投入他们所能发现的最有价值的用途上去。

第四，收益性。产权所有者凭自己对财产的所有、使用而获取利益的权利，是产权所有者谋取自身利益，实现资产增值的主要手段，失去了收益性，所有权就没有了任何经济意义。这一属性是产权能够形成激励机制的根本原因。

第五，法律性。产权关系是法律确认各种经济利益主体之间对财产的占有、使用、收益和处分而发生的权利、义务关系，是一定历史时期的所有制形式在法律上的表现。产权的确定必须以国家法律为前提。

第六，永久性。为了有效地发挥产权的作用，产权必须具备安全性。产权“归属任何个人，其必须被认为是永久的”。产权的永久性可以充分保障产权主体对其资产的收益形成稳定的利益预期，这种确定性是产权激励机制形成的重要因素，一旦产权不能保证个人安全获取其所能创造的净收益，不确定性增加，风险加大，人们就会失去创造这些净收益的激励。

## 产权的功能

第一，产权的激励和约束功能。产权的激励功能是指产权通过利益机制影响产权主体行为决策的一种功能。在现实生活之中，资源具有稀缺性，且人也具有私利性，财富的积累是理性人的必然选择，也是经济发展的物质基础。如果产权不能保证个人安全获取其所能创造的净收益，不能给以稳定的预期，人们就会失去创造这些净收益的激励，或者说人们利用一种资源的权利得不到保护或不能延续，那么，他将改变甚至放弃对该资源的使用方式，进而转向那些需要较少预先投入的资源。产权的清晰界定是产权得以形成良好激励机制的前提条件，这种产权“限制人们使用资产的方式。要使人们对他们的行动或不行动的结果负责，产权是其中的重要因素。此外，产权界定保证人们以某种方式承担他们行为的成本”。产权不清晰，责任就无法明确。哈丁的“公地悲剧”和过去森林的乱砍乱伐导致生态失衡、水土流失等都是因为产权未得到良好界定从而未形成正面的激励机制。

第二，外部性内部化功能。“产权的外部性内部化是指产权的所有者拥有他的同事同意他以特定方式行事的权利，也即是说，产权包括一个人或其他人受益或受损的权利，它界定人们如何受益及如何受损，因而谁必须向谁提供补偿以使他修正人们所采取的行动”。从产权产生的目的来看，产权是基于对经济效益最大化的追求，通过把外部性内在化的方式所作的制度安排。当个别成本（或收益）与社会成本（或收益）不相等时，就说明外部性问题的存在。外部性可能产生正效应，也可能产生负效应，即在个别成本小于社会成本的情况下，个别活动的费用并非完全由个人所承担，而要转嫁给社会，从而产生外部负效应，最终结果将导致资源的损失和滥用；相反，就产生正效应，如果社会不能给予主权主体以补偿，产权将不能形成正激励机制。对于负外部性，庇古主张征税或惩罚，但科斯却认为，解决产权外部性的最好办法就是产权的明确界定，即通过产权谈判或界定，使外部性内在化。德姆塞茨指出“产权的一个主要功能是引导人们实现将外部性较大的内在化的激励”。

第三，资源配置功能。“新产权方法的中心任务是要表明产权的内容如何以特定的和可以预期的方式来影响资源配置和使用的”。在其他情况不变的条件下，任何物品的交换价值都不取决于交易中所包含的产权束，因此，资源中所包含的产权会进入决策者的效用函数，这样产权制度的变迁必然会影响人们的行为方式，并通过对行为的这一效应影响到资源的配置、产出的构成和收入的分配。但产权经济学家认为，通常情况下，私有产权的资源配置效率要高于共有产权，正如阿尔钦所言“除私有产权以外的其他产权都降低了资源的使用与市场所反映的价值的一致性”，这是因为，一方面因为共有产权下每个使用者平等地分离和获得平均报酬，这必然导致资源的过度使用，另一方面，如果共有产权的现有使用者能阻止更多的使用者，其结果又必然是垄断的产生和资源的利用不足。这就是我们经常所说的“有利大家争，无利谁也不过问”现象。这也正好解释了为何家庭联产责任制刚刚推行时人们争着要土地，而今天人们又大量抛荒的现象了。当然，不同性质的资源要有不同的产权形式与之匹配，只有适合的产权安排才是生产资源得以有效使用和优化配置的先决条件。

“公地悲剧”的出现，确切地讲，是由于产权不清晰导致分散的个人监管集体财产的激励不足而造成的结果。在现代社会，没有产权是不可想象的，每个人都担惊受怕地活着，自己的财产随时都面临着被剥夺的危险。在这里我们要特别注意一个问题，就是政府在发挥产权功能方面的巨大作用。如果政府不能用有效的法律来保护私有产权，不能清晰地界定产权，那么整个社会就会出现霍布斯在《利维坦》中描述的“人人为战”的状态——每个人都不得不花费很大的精力为保护自己的财产而战斗，最终的结果是产权不再对人产生激励作用。也就是说，即使有了产权，并不代表产权就一定会产生积极的激励作用，关键在于这种界定清晰的产权能够得到有效保护的程度，而这正是政府要做的事情。

## 秘密之一——市场经济发展的基石

2003年10月14日，中国共产党十六届三中全会通过了《中共中央关于完善社会主义市场经济体制若干问题的决定》，明确提出我国目前已经进入了完善社会主义市场经济的关键阶段。《决定》指出，要“充分发挥市场在资源配置中的基础性作用，加强和改善国家对农业农村发展的调控和引导，健全符合社会主义市场经济要求的农村经济体制，调整不适应农村社会生产力发展要求的生产关系和上层建筑，使农村经济社会发展充满活力”。那么，完善社会主义市场经济的关键点和难点在哪里？

中国的市场化改革是从农村开始的，实行家庭承包责任制和发展乡镇企业，培育了一批自主经营、自负盈亏的市场主体；农产品流通体制改革为市场机制发育创造了条件，绝大多数农产品放开搞活，价格随行就市，流通渠道多元化，农产品市场流通体系初步建立，农民开始全面介入农产品的市场运作。可以说，这些都为改变农村经济运行方式，使农村经济由单纯依靠计划指令配置资源向市场配置资源奠定了基础。但是我们不难看出，农村市场化的改革仅仅限于放活农民对土地的自主经营权和由土地生产出来的产品参与市场流通两个方面，农民参与市场经济主要靠生产符合市场需求的农产品，仍然是以劳动收入的方式参与市场经济。

## 固化的农村资产

30年的改革开放本已为农村积累了大量的资产，但广大农村群众参与市场经济的广度和深度却仅限与此，原因何在？传统观点认为农民缺乏将其资产资本化的能力，一方面因为农民缺乏符合金融机构规定可供抵押的合格资产；另一方面，金融中介市场也缺乏针对主要面向农民的资产评估、抵押等中介服务机构、制度与金融产品。但事实上农民并不缺乏绝对意义上的土地、房屋等资产，他们缺乏的仅仅是法律对其产权的确认和有效保护。正如制度经济学所指出的：资本短缺的根本原因并不在于社会缺少资本，而在于没有有效的产权制度，保障居民资产通过抵押、转让等方式实现向资本的转化。

我国现行法律规定农村土地不得抵押、不得转让、不得用于房地产开发，农村建设用地只能用于本地集体建设之用，如用于其他用途必须首先转化为国有土地，但转让价格却远远低于市场价格。依附于土地上的房屋虽然名义上归农民私人所有，但由于流转受限，无法体现真实的资产价值，缺乏向资本转化的基础条件。显然，财产权利的缺损与受限是导致农民资产资本化能力不足的根本原因。

市场经济实践证明，实现资产资本化需要具备三个基本条件：一是“资产赋权”，建立全面、可靠、灵活、明晰和低成本的产权制度，二是存在有利可图的投资机会；三是能够忠实代表资产产权主体行使所有者权利的组织制度安排。上述条件中，产权制度安排无疑最为关键。因此，从本质上讲，广大农村市场经济发展滞后的原因在于我国在农村的产权制度安排，而这一制度的不合理性，直接造成了农村资产转化资本参与市场经济的能力。

## 二元化的市场经济进程

在我国长期的城乡二元化体制下，市场经济在农村尚未发挥出应有的作用。广大农村的市场经济发展水平与城市市场经济发展水平相去甚远。

虽然家庭联产承包责任制取代人民公社体制在一定程度上解决了我国农村经济运行的微观经营机制，新制度所形成的激励机制和监督成本的节约使农民（户）成为主要的责、权、利相结合的微观主体，从而保证了制度比较良好的绩效。但是，我国农村经济的宏观运行机制却始终没有得到很好解决，即作为优化配置经济资源的市场机制在农村经济运行中还没有占据主导地位。1992年邓小平同志发表《南巡谈话》和党的十四大提出“建立社会主义市场经济体制”以后，我国农村进入了一个“市场化改革”的新阶段，但时至今日，严格地讲，市场经济机制在我国农村经济运行中仍然尚未确立。这也就诠释了我国农村经济为何于1984年之后增长幅度大大放缓的原因。

在二元产权制度下，到目前为止，我国农村尚未形成统一的农村生产要素市场和产品市场。因为，一是从市场微观主体来看，二元产权制度把农民束缚在土地上，农民一方面不能享有完整的经营决策权，另一方面也不是具有独立意识的商品生产者；二是从市场客体来看，土地和房屋等生产要素在城乡之间被人为地分割开来，农村土地和房屋的流动受到极大限制，农村资产的真正价值或价格不能被发现，这种“同地不同权，同权不同价”的现象，也严重挫伤了农民的生产积极性；三是由于农村同城市的人为隔离，导致农村经济运营环境日益恶化，以至于各种金融资本也纷纷逃离农村和农业，农业生产技术供需均显短缺。总之，无论是价格机制和供求机制，还是竞争机制和风险机制不能对农村生产要素或主要农产品发挥作用，两种产权制度阻碍了土地、房屋等统一的生产要素市场的形成，农村土地和房产等生产要素被“矮化”，市场机制在中国农村不能发挥应有的作用，市场经济竞争性、创新性、动态性和机会均等性等优越性难以实现，从而必然影响到产权制度的经济绩效，即是说，二元产权制度下，我国农村市场机制已经失灵。

## 产权是市场经济的基石

现代制度经济学观点认为，产权是市场体制下微观经济主体采取合理经济行为和促进效率提高的制度基础，在某种程度上，市场经济就是产权经济。

首先，产权是人们参与市场经济的最基础条件。任何一个市场主体进入市场，与其他市场主体建立平等合作、互惠互利的经济关系，都是以拥有独立的产权为先决条件的。市场主体之间发生的经济关系是一种平等的契约关系，强调缔约双方地位平等，各市场主体的平等地位又只能基于各自拥有的独立的产权。因此，没有产权，或者产权界定不清晰，人们不可能在市场经济中从事经济活动。

其次，产权是人们参与市场交易的前提条件。市场经济是商品经济发展到高级阶段的一种经济形式，以高度的商品化和市场化为特征。从表面上看，市场经济中交易双方相互交换各自拥有的物，但实质上是双方交易各自拥有物的权利。因此，交换得以发生的前提条件就是交换双方对于自己用于交换的商品拥有清晰的产权。马克思十分精要地论述了市场交换的产权基础："从法律上来看，这种交换的唯一前提是任何人对自己产权的所有权和自由支配权。"[6]

第三，产权是市场经济可持续运行的基石。从新制度经济学对产权基本功能的研究结论可以看出，产权作为支撑市场经济发展的原因有三：一是在市场经济环境里，产权具有激励人们通过市场交换获得经济利益的功能，激发人们追求自身利益最大化的动机，并在经济活动中进行自我约束，使自己的经济行为合法、规范。如果没有产权对人们追求经济利益的激励作用，市场经济不可能得到充分发展。二是清晰的产权是资源有效配置的前置条件。三是清晰的产权会增强人们在市场经济中的预期。只有当产权明晰后人们之间受益受损的边界得以明确划定时，人们才会对自己所从事的经济活动形式合理预期，才会去追求经济利益的最大化。

因此，在农村推进市场化进程，现实的选择是改革农村产权制度，赋予或拓展农民财产以新的权能，抑或减少对农民使用其财产权利的约束，增加农民财产的市场可流动性，降低其交易风险，提升其市场价值，并通过市场中介将农民手中固化的各类财产转化为流动的资本，在市场经济中实现资源有效配置，进而推动广大农村全面融入社会主义市场经济运行体系。

## 秘密之二 ——破解“三农”问题的关键

“三农”问题源于我国城乡二元分治的制度安排，其表征是农业增效、农民增收、农村增值问题，核心是农民收入问题。要解决“三农”问题，最关键的是要从消除二元结构的经济制度安排入手，构建适应市场经济发展的微观经济基础，以促进农村生产力的发展。

新中国成立以来的这半个多世纪，我国的农村经历两次促进经济发展的重大变革，第一次是新中国成立前后的土地改革，农民成为土地真正的主人；第二次是党的十一届三中全会后，农村实行了家庭联产承包责任制，农民获得了经营土地的自主权，农业生产力得到了大幅提升，到1984年，已经出现了农民卖粮难的问题。之后，随着家庭联产承包责任制[7]的稳定发展，农产品产出量保持着平稳的上升势头。1996年，我国的粮食总产量超过1万亿斤，从此，农产品从卖方市场转变为买方市场，农业发展进入了一个新的阶段[8]。农业的发展解决了吃饭问题，但随着城市经济的快速发展，农村问题、农民问题逐渐显现出来。温铁军把中国长期存在的“小农村社制”的农村经济基础通俗地归纳为“三农”问题，“三农”问题存在的背景是现代化进程中两种文明的并存和差别。这一问题具有普遍性，任何一个由传统农业社会向现代工业社会转变的国家都会出现这一问题。而在中国的现代化进程中，这一问题表现得尤其突出。多年来，党和政府为解决“三农”问题做出了巨大的努力，从大力调整经济结构到调整产品结构，从推行股份合作制到兴办龙头企业，从鼓励提倡“公司＋农户”到推进农业产业化经营，从推进农村机构改革到减轻农民负担、推行税费改革，花了很大的力气，但收效甚微。在此，我们有必要找准“三农”问题的症结，才好对症下药。

## 二元结构与“三农”问题

“二元结构”是造成当前“三农”问题的根本原因。正如温铁军所说，“在第二次世界之后出现的以民族独立之后的国家名义追求工业化和现代化的不可逆过程中，都不可能再有西方早期工业化国家通过殖民扩张对外占有资源和转移国内矛盾冲突、以改善制度环境的条件。由此，人口与资源高度紧张的中国社会二元结构制约下追求发展所面临的问题必然是叠加的”[9]。“城乡二元结构”长期发展的结果，一方面为工业化原始积累做出了巨大的贡献，另一方面却使农民、农业、农村的发展不断滑向痛苦的深渊。通过下面的论述，我们会发现，从国家做出二元结构的制度安排到由此而引发的一系列问题，其根源都在于“农村微观经济基础的二元化，而出现微观经济基础二元化的根源又在于产权制度的二元化”。

## 二元结构的制度安排

新中国成立初期，国家为了迅速建立工业和国防体系，采取了优先发展城市和工业的发展策略和路径，一是通过明税或暗税等多种方式不断从农村提取农业剩余，以扶持城市和工业；二是对农村和城市实行非均衡发展战略，在电力、能源、基础设施、医疗卫生、教育、通信、交通等方面不断加大对城市和工业的投入，缩小对农村和农业的投入；三是限制包括劳动力在内的各种生产要素和主要农产品在农村与城市之间的自由流动。这样，一方面，产业不断地向城市聚集，各种物质和文化成果向城市聚集，城市人均的资源总量快速增加，加上工业品的弹性较大，城市居民也就越来越多；另一方面，在农村，由于生产力落后，劳动者的文化素质和思想观念落后，生产和工作条件落后，生产方式和生活环境落后，资金的来源有限，机械化程度低下，农村人口向城市的聚集又遭到严格控制，这种落后的状况不可能创造一个劳动者整体收入的高水平，农村的发展步履维艰，农村人均收入很难增长，城乡之间人均经济和文化成果的占有差距不可避免导致城乡之间居民收入差距的进一步拉大。

我国城乡居民收入差距在1978~1983年虽然逐渐缩小，农民收入增长快于城镇居民收入的增长，城乡居民收入差距从1978年2.37缩小到1983年的1.70；但自1984年以后，城镇居民人均收入与农村居民人均纯收入的差距绝对数却呈扩大趋势，从252.2元扩大到5850元。社科院在2004年的报告《中国城乡收入差距世界最高》中指出：中国与其他国家相比，如果仅仅看货币收入差距，或者说名义收入的差距，非洲津巴布韦的城乡收入差距比中国稍微高一点，但是如果把非货币收入、财产性收入、社会福利性收入等因素全部考虑进去，我国的城乡收入差距是世界上最高的。

形成城乡收入巨大差距的原因是多方面的，有历史的，也有现实的；有主观的，也有客观的；有经济的，也有政治、文化和意识形态的，但根本原因还在于，人为的二元产权制度和严格的户籍制度安排使城市和农村形成了两个独立的社会单元，政府出于多重目的把城市和农村隔离起来，形成两个相对封闭的经济体系，即最具中国特色的“城乡二元经济体系”。通常，城乡之间即使存在差异，城市在产业体系、基础设施、制度安排等方面有明显优势，但只要城市和乡村之间是相互开放的，各种生产要素和社会产品能在城乡间自由流动，政府在城乡之间实行经济和社会综合发展的相对平衡战略，这种差距扩大就会受到一定的制约，城乡间也许在某个方面差距会扩大，但在另外的方面会得到相应的弥补。

## 二元结构的产权制度

二元结构是我国土地和房屋产权制度的明显特征。按照我国宪法规定，城市土地属于国有，农村和城市郊区土地属于农民集体所有。在城镇，除了政府划拨土地之外，城镇土地使用权可以抵押、出租、转让等方式流转，形成较为活跃的城镇土地使用权交易市场。而农村土地却并没有建立起有效的流转体系。如农村土地承包经营权在现有的土地承包制中规定了可以采取转包、互换、转让等方式流转，但流转的期限不得超过承包期的剩余年限[10]。但对三种方 式分析可以看出，三种方式暗含的意思均为“转租”，即农地使用权主体实质上没有对土地使用权进行自由处分的权利。其次，根据《土地管理法》等法律法规，在农村建设用地和城镇建设用地之间是不能自由转化的，这种流转必须首先将农村土地转征为国有后才能进行。1998年《土地管理法》规定，任何单位进行经济建设，必须使用国有土地，征地和土地国有化就成为农转非的唯一合法方式，现行农地转用实行政府征用制度，形成了政府垄断建设用地一级市场的局面，造成了农地变为城镇建设用地过程中的国家垄断倾向。1998年新《土地管理法》的颁布并付诸实施，是中国集体建设用地市场变化的转折点，1998年10月30日以前，国家实施的是“协议征地”，也就是说，由用地者与所在村组直接见面，双方协商确定土地出让价格，国土部门在其中只起一个中介作用，而 1998年新《土地管理法》颁布以后，国家将土地审批权收归国务院和省两级政府，“协议征地”原则上变成了“公告征地”。所谓“公告征地”，即由国土部门代表政府直接去征地，从此用地单位和农民不再见面；政府和被征地农民集体之间协商余地有限，政府把要征的耕地面积以及应该给予农民集体的补偿告知他们即可；政府从农民手中征得土地后，与用地单位签订供地协议。从此，征地的过程，就变为政府根据用地的需求，以《土地管理法》为依据，从农民那里合法、强制地获得土地。

由此看来，在我国城镇土地使用权市场与农村集体建设土地市场是“城乡分治”的二元结构土地市场。正因为如此，农村土地与城镇土地并没有形成统一协调的土地市场，农民集体所有的土地不能自由进入城镇土地市场。因此，对于农村土地与城镇土地，在我国采用了分别治理的模式。一种生产要素，两种配置方式，在市场经济不发达、城市化水平较低时，其矛盾还不很突出；但随着工业化、城市化和现代化的推进，这种状况的弊端逐渐暴露无遗。

由于长期实行城乡分割的二元土地产权管理模式，把统一的房屋产权市场割裂开来。城市自推行住房制度改革以来，以私人产权为主体的较为清晰的住房产权制度初步形成，市场体系不断完善。而农村房屋产权虽然名义上归农民私人所有，但由于流转受限，缺失了重要的产权内容，农民资产难以实现其应有的经济价值，农村房屋产权主体无法享有平等的法律地位。

这种城乡二元制度是特殊时期国家发展的战略安排，经过长期的发展已形成较大的体制惯性，使得农村大宗私有产权很难真正介入经济领域，又使得集体产权处于低效运行状态，集体经济空间逐渐缩小。农村在市场经济高速发展的进程中不断被边缘化，已经成为影响我国社会主义市场经济向农村延伸的主要因素之一，广大农村群众难以享受到市场经济发展的成果。

## 固化了的农民身份

实行家庭联产承包责任制之后，在我国的土地二元产权制度下，配合上严格的户籍管理制度，我国农民的身份进一步固化了。“农民的主要追求在于维持生计，并在一个社会关系的狭隘等级系列中维持其社会身份。因此农民就不像那些专门为满足市场而生产并使自己在一个广泛的社会网络内置身于地位竞争之中的耕作者”（E.沃尔夫，《农民》，1966）。有了这种二元产权制度后，我国的“农民”不仅仅指的是以农为生的种田人了，“农民”这个概念已经不能同渔民、工匠、商人等职业概念相提并论了。由于农民与土地打交道，并且被这种制度安排牢牢地同农村自然经济落后的生产方式联在一起，当我们谈到“农民”时，想到的已经并不仅仅是一种职业，而更多的是“一种社会等级，一种身份或准身份，一种生存状态，一种社区乃至社会的组织方式，一种文化模式乃至心理结构”。尤其是在今天，随着我国现代化进程不断推进，社会经济越来越发达，从事农业生产的“农民”应该越来越少，但是，旧的制度安排一方面限制了农民向城市流动，另一方面，农民即或是已经进入了城市，但他们仍然改变不了他们的“农民”身份。例如：如今在城里谋生的所谓“农民工”中，有1/3以上（有些调查甚至说是半数以上）实际上是走出校门便进城闯世界的乡村青年，他们中很多人连一天农活也没干过，然而别人和他们自己都把他们看成“打工的农民”。二元结构的制度安排下，农民与集体土地相联系，加上户籍制度的控制，身份性“农民”必然得到不断强化，也就很难实现“农民”身份的转变了。事实上，如今的“农民工”、“农民企业家”、“乡镇企业”与“离土不离乡”等现象，都与二元结构和现有户籍制度安排下“农民”改了职业却改不了“身份”这一事实在逻辑上是一致的。

## 农业发展的困境

我国以家庭联产承包责任制为主的农村土地政策，曾经激活了我国农业生产的巨大潜力，使我国农村经济获得飞速发展，这是举世公认的事实。但是，进入20世纪90年代以来，农民收入的增长速度却出现了日渐下降的趋势，农民面临着“增产不增收”的尴尬局面。2000年农民纯收入只增长1.8%，降到了近年来的最低点[11]。农产品价格长期低迷不振，农民辛苦一年每亩收益只有几十元，有的甚至亏本。据多位农民测算，一个三口之家，目前若种30亩粮食，风调雨顺所得到的收入与外出打工的收入勉强持平。而农民这种增产不增收的事实也日渐暴露出目前我国“土地集体所有，家庭承包经营”下的一家一户的小生产方式与瞬息万变大市场的客观要求相分离的矛盾。

目前，在我国的家庭承包经营下，由于农业生产主体多而分散，缺乏有效的分工协作，进入市场的交易成本高，难以形成利益共同体，造成农业生产者利益的过度流失。我国农业生产主体和市场主体仍以分散的千家万户为主，全国2/3的农户在几亩耕地上经营着4种以上的农产品，产业化水平低，商品率低。85%以上的农户基本上是自给性生产。由于无法获得可靠的市场信息，生产经营带有极大的盲目性，也加大了农业的市场风险。在现有的农业组织结构下，小规模农户之间生产经营行为的同步调整难而且极易产生对市场波动的放大效应，导致市场的同步震荡和大起大落，从而带来资源的严重浪费。20世纪80年代以来，我国农民在产业结构调整中时常被置于市场的十字路口、被无情的市场折腾得啼笑皆非，时常陷入“什么赚钱种什么，种什么什么不赚钱”的怪圈，以至于农民经常问：“谁能告诉我，明年种什么？”

土地经营规模的微型化与农业生产区域化、产业化和现代化发展要求相矛盾。在农户超小规模经营状态下，由于生产规模不经济，生产经营效率低下。农户受自身经济实力的限制，投入能力低，严重制约了农业基础设施的建设和使用，进而对农业基础地位的稳定产生不利影响。农户投入的短期行为，导致农业可持续发展后劲不足。分散农户土地超小规模经营还制约了农业机械化和农业现代化的发展进程。土地“包产到户”后，每户农民耕种一两亩土地，在解决温饱后，大多数农民都把农业当作副业，粮食多收少收无所谓，不重视采用先进的农业技术。同时由于土地分散，种植品种、时间不一，客观上也很难推广先进的农业技术，特别是实行农业机械化。

20世纪90年代以来，随着农业生产和市场经济的发展，以一家一户为单位的家庭承包经营，也面临着越来越多的矛盾与困惑。而这些矛盾与困惑突出表现在：有些地方农民的土地承包经营权没有全面落实到户；个别地方违背农民意愿，强迫农民缩短承包期，随意提高承包费，侵犯农民土地权益的现象仍比较严重。还有的地方打着建设各类园区的名义，乱占滥征耕地，大片良田成为弃荒地。从1996年到2002年，我国耕地净减少6000

多万亩，年均减少1000多万亩；另外，在一些地方，农民土地权益在征占地中得不到有效保障，不仅补偿低，而且不到位，造成农民失地又失业。大量农民失去土地，就业、养老、社会保险等问题随之而来。

总之，在现代市场经济条件下，农产品所面对的大市场要求通过规模化的生产经营来降低生产成本，抵御市场风险，集中使用包括土地在内的生产要素。邓小平提出的“第二个飞跃”即“适应科学种田和生产社会化的需要，发展适度规模经营，发展集体经济”成为摆在我们面前的紧迫课题。

## 破解“三农”问题的关键

解决“三农”问题到底还有没有出路？通过上面的分析，我们可以得出以下几点判断：其一，“三农”问题源于我国城乡二元结构社会经济制度安排，如果不是因为二元结构安排造成的城乡社会经济发展的巨大差别，也不会出现困扰我们的“三农”问题。其二，二元结构主要表现为经济制度和社会制度的二元结构，而社会制度二元结构本质上是由二元的经济制度决定的。城市按照市场经济发展思路不断完善各种规则，而农村却被几乎被放置于市场体系之外。其三，“三农”问题的表征现象为农村生产力不发达、农村经济落后、农民收入增长缓慢，其本质为二元结构下农村微观经济主体难以融入市场经济发展的困境。基于这种判断，解决“三农”问题就要回到以调整和构建与社会主义市场经济相适应的农村微观经济基础，推动农村市场经济发展，增加农民收入的问题上来了。

一方面，中国农民人多地少、农村土地及劳动生产率低下的现状已充分说明种田是不赚钱的，欲增加农民收入，“功夫只能在农外”；另一方面，粮食生产永远离不开土地，保障粮食供给，规避粮食风险，“功夫又只能在农内”。如何破解“农外”与“农内”这一难题，我们须先弄清楚“收入”一词的涵义。作为衡量一个人或一个国家的经济状况最重要的指标——收入到底是什么？“用经济学语言来表述，一个人的市场收入，等于他所出售的生产要素的数量乘以每种要素的收益”[12]。所谓生产要素，是指进行社会生产经营活动时所需要的各种社会资源，包括劳动力、土地、资本、技术、信息、制度以及管理经验等，其内容因时代变化而变化。可见，收入就是返还给生产要素投入主体的报酬。长期以来，我们只强调劳动在价值创造和财富生产中的作用以及劳动参与收入分配的问题，对其他生产要素产生收入的作用要么被忽视了，要么重视不够。周其仁先生进一步指出，收入不是别人赠送的，而是自己挣来的，是财富产出的服务，但是，财富只能是收入产生的必要条件，非充分条件，即拥有财富未必一定就可以获取收入。如果财富被拥有者消费掉了，或者其拥有者并没有以此增值的意思，这种财富不会带来收入。即是说，如果财富因种种原因不能被资本化，这种财富就不能成为收入的源泉，人们拥有劳动力、土地、资本、技术、信息、制度以及管理经验等生产要素，即拥有了财富，但并不一定产生收入流。

**表1　我国农村居民财产性收入状况表　　　(单位：元)**

| 年 份 | 2000年 | 2001年 | 2002年 | 2003年 | 2004年 | 2005年 | 2006年 |
|---|---|---|---|---|---|---|---|
| 总收入 | 2253 | 2366 | 2476 | 2622 | 2936 | 3255 | 3587 |
| 财产性收入 | 45 | 88 | 51 | 66 | 77 | 89 | 101 |
| 财产性收入/总收入 | 2.00% | 3.72% | 2.06% | 2.52% | 2.62% | 2.73% | 2.82% |

数据来源：肖晓军，《全国城乡居民收入差距基于收入结构的分解研究》

从上表的收入结构，我们可以看出我国农民收入的主要特点是8亿多农民的收入仍然以种田收入和劳动收入为主，非农工资收入和财产性收入在总收入中所占的比重很小，这正是我国农民增收难的主要原因。

我国农民收入结构呈现这种特点缘于我国现行的农村产权制度。正是在家庭联产承包责任制产权安排下，我国农村原本就非常落后的生产力始终同具有比较劣势的小块土地相结合，没有同其他具有比较优势生产要素相结合，虽然农民对土地享有经营权，但这种产权不能形成农民的权利租金，不能为农民创造价值和财富，一句话，土地、房产等资产并没有转变成可以增进农民收入流的资本。土地、房产等资产一旦实现资本化，一是农民就可以根据比较优势的原则进行决策，或继续经营土地，或退出土地；即使退出土地，他也可以因权利租金获得等同于市值的财产性收入；而且，更重要的是农民可以摆脱对土地的束缚，从土地上解脱出来，实现劳动力同其他优势生产要素相结合，获得更多的劳动收入，从而实现“功夫在农外的目的”；同时，退出的土地也并不会因为农民离土而导致资源浪费，相反其他具有比较优势的市场主体可以对土地进行集中规模化经营，创造更多的土地产出，进而实现“功夫在农内的目的”。这样，通过实施农村“资产资本化”举措，达到破解“农内”与“农外”难题的目的。由此可见，导致农民不能增收的根本原因就是土地、房产等资产不能资本化，至此，我们可以得到一个结论：中国农村的真问题并不是农民就业问题，而是农村资产资本化问题。

再来看看目前我国农村产权存在的问题。由于历史上长期形成的制度性不足和缺陷，现阶段我国农村产权存在着所有权主体虚置、主体组织形式混乱、所有权缺乏有效制度保障，导致权能不完整、收益不规范、流转不顺畅等问题。我国现有农村土地制度模式，从近期来看，有其存在与发展的可能性与可行性，但是从长远来看，它无法从根本上消除其本身的局限，难以构成我国农村土地产权制度的优化模式。之所以如此，是由于它自身的不足和缺陷决定的。因为土地承包经营所引起的农村土地制度改革是在缺少成熟理论准备和系统政策设计的基础上，自发的自下而上的进行的，这种变革过多地注重了农业生产经营模式的调整，而不是深入地涉及农村土地制度的核心问题，因此伴随着社会主义市场经济的发展与农村生产力的进步，这些固有的缺陷就日益暴露出来了。

因此可见，“三农”出现的根本原因在于，现在的农村产权制度不健全，不完整，与农村的发展水平不相适应，与市场经济发展水平不相适应，与党的十七大精神不相适应。对大多数农民来讲，土地、房屋就是他们的财产，他们的收入主要来源于两部分，一是生产性收入，二是劳动性收入，基本没有财产性收入。农民财产性收入该如何增加呢？就是要让农民的这些财产增值，让现有的财产给农民带来利润。我们要积极创新机制体制，让农民的资产变成资本，让资本带来利润，切实增加农民的财产性收入。要实现这一目标，我们首先需要界定这些财产的权属，是否有有效证件，财产有多少，目前的状况是怎样的……权属清楚以后，还必须有一个有效的制度管理机制，有一个合理的游戏规则。如果没有这样的规则，就如拥有一台没有网络的电脑，配置再好也无法发挥优势。农民的财产也是一样，要通过科学合理的制度设计，让它拥有有效证件，并按照一定的规则发挥其资源价值。只有这样，才能让农民的财产不断地产生利润。因此，笔者认为，改革农村产权制度是时代发展的必然要求。

## 秘密之三——财富的“身份证”

产权是财富之源，是权利之本。尤其是农村土地的财产价值，是随需求变化而变化的。同时，被确认了的农民土地财产产权不仅可以分割而且还可以转移与让渡，因而确认与明晰了农民土地产权，就赋予了增加农民财产收入的手段与途径。农村的土地、房屋等资产，没有经过确认，就不能成为参与市场经济发展的财富。但由于长期受到计划经济的影响，人们对产权的财富“身份”价值又知其几何呢？

从最基本的意义上来说，产权就是人们对物品或劳务根据一定的目的加以利用或处置以从中获得一定收益的权利[13]。基于前文对产权的概念和特征的分析，我们可以得出两点基本判断，一是产权具有保护财产权利的作用，是产权所有人财富的证明。在现代社会中，产权的表现形式是表明资产归谁所有及归谁使用、收益、处置的一组法律表述。排他性是产权最基本的特征之一，在国家法律的保障下，排他性的特征本质上就是对产权人拥有财产权利的保护。一个人对某个物品完整的私有产权将排斥他人对该物的使用，比如我的房屋归我个人所有，在经过国家一系列法律制度的确认，产权界定得很清晰，未经我的允许别人是不能使用和从中获得收益的。二是产权是市场经济条件下向交易双方证明财产归属的证明，经过有效法律登记的产权为物在市场中交易提供了极大便利。

## 《物权法》为什么让人如此期待？

两千多年前的孟子曾说，“有恒产者有恒心，无恒产者无恒心”。中国是一个高度集权的社会，在古代，“溥天之下，莫非王土；率土之滨，莫非王臣”，封建社会沿袭几千年的财富观念和财富占有制度，使得中国没有真正保护个人财产权利的法律体系。随着经济的发展，社会财富不断增多，几乎所有人或家庭都正在拥有越来越多的财富。然而，随着财富的增多，不少人的疑虑总也不能打消：我能自由支配自己的财产吗？我的这些财产永远属于我吗？公众的权利意识高涨，从而表达了捍卫私人财产的决心和祈求。

2007年10月1日起实施《物权法》是以调整人对物的支配关系为内容的法律规范，是一个国家的基本财产法，其任务是界定产权，保护国家、集体与公民个人的财产，是我国社会生活中的重要法律。作为现代社会创造财富和保护财富的基本规则，《物权法》最重要的意义在于第一次如此集中地将保护个人财产权利的法律规范完整地呈现在公众的面前，使人们对财富的取得、财富的使用有了明确的法律依据。今后任何公民都可以根据物权法理直气壮地保护自己的合法财产权利，都可以在国家、集体和个人财产关系处于矛盾和纠纷时，根据物权法主张自己的权利。这一与时俱进的法律制度，成为集中体现我国藏富于民治国理念的载体，并将为我国真正走向尊重财富、创造财富的崭新时代起到保驾护航的作用。

中国法学会的一位专家指出，《物权法》作为规范平等主体之间财产关系的民法的一个重要组成部分，对明确产权关系，保护权利人的财产权益，维护经济社会秩序有重要作用。同时，我们也可以看到，《物权法》的作用不仅仅在于保护财产权，正如全国人大工委主任胡康生所说的，《物权法》的制定将“激发全社会的创造活力，实现全面建设小康社会目标”。《物权法》的立法目的，就是要通过法律来巩固劳动者的物质利益，调动人们创造财富、爱护财富、积累财富的热情，提高社会生产力[14]。

## 产权——财产性收入的基础

党的十七大报告提出，深化收入分配制度改革是加快推进以改善民生为重点的社会建设的重大任务。其中，增加城乡居民收入，让更多群众拥有财产性收入的工作目标，引起了社会各界的广泛关注。而要实现这一目标，提高农村人口的家庭财产性收入无疑是实现这一任务的重点。2008年初，党的中央一号文件《关于切实加强农业基础建设，进一步促进农业发展、农民增收的若干意见》也首次提出了：“进一步明确农民家庭财产的法律地位，保障农民对集体财产性的收益权，创造条件让更多农民获得财产性收入。”这是党中央、国务院针对当前城乡差距不断扩大的现实，加大统筹城乡发展力度的重要举措和创新性的发展思路，对于促进农民增收，推进城乡一体化格局的形成具有重大的现实意义。而这一方针政策显然又是在我国城乡居民收入差距不断扩大的趋势尚未根本改变的状况下提出的。2007年，我国城乡居民名义收入差距已经扩大到3.3:1，如果算上城乡居民享受的基本公共服务的差距，城乡收入估计在6:1。客观分析，城镇居民有更多机会把自己拥有的财产进行再投资，以获取更多的财产性收入，而农民却很少有财富积累和投资渠道来获得更多的财产性收入，尤其是作为农民最重要的生产和生活资料的土地和房屋，没有随着城市化和工业化浪潮为农民带来更多的增值收益。这也是日益扩大的城乡收入差距形成的重要原因之一。

从当前我国的农村居民收入构成看，无论从总量还是比重，财产性收入还远未成为农民收入的主要来源。2000～2006年，农村居民财产性收入呈逐年上升的趋势，2006年农村居民人均财产性收入比2000年增长了90%，说明农村家庭财产性收入增长潜力巨大。但从绝对额看，2006年农村居民家庭财产性收入仅为100.50元，占总收入的比重为2%。农村居民家庭经营性收入和工资性收入仍是收入的主要来源，也就是说，农村居民的收入还主要来源耕作和打工收入，财产性收入还远未发挥主要收入来源的作用。从2006年农民的财产性收入构成看，增加较多的是租金收入和土地补偿收入，其中租金收入人均25元，比上年增长22.6%，土地征用补偿收入人均22元比上年增长21.7%。可以看出，虽然农民土地和房屋财产收入增长速度较快，但由于基数很小，土地和房屋的财产性功能尚未显现。

什么是财产性收入？一般来说，财产或资产，并不是物，也不是财富，只有这些物及财富能够通过市场方式产生未来收入流时，这些物或财富才能够成为财产，财产就是以产权契约、金融票据、证券契约形式将“财富”资本化的所得。在这里，要让“财富”成为财产，成为资本，就必须有两个前提条件。一是个人财富必须要有清楚产权界定，用法律方式把个人财富界定得清清楚楚，即独占性。二是围绕产权流转的游戏规则和相应的保障制度，即可流动性。对于农民来说，土地和房屋作为最重要的财产，不仅是“养家糊口”的生产要素，也是为其提供社会保障的重要载体。因此，明确农民财产的法律地位首要的是明确农民土地和房屋的法律地位；当前让更多农民获得财产性收入迫切需要解决的是创造条件让农民从土地和房屋的保值增值中获得更多的财产性收入。用中国国务院发展研究中心农村部部长韩俊来说：“增加农民财产性收入，最根本的是要从法律上保护农民的土地等财产权利，让农民的财产具有可交易性，以获取更大程度的增值。”

## 秘密之四——构建和谐社会的基础

如果要说还权于民的话，那么对于农民来讲，就是要使中国农民真正拥有农村土地集体所有制以外的其他财产权利。现在，国有企业在推进改革，乡镇企业也已改制，成百上千万的资产量化到个人，而中国的土地一直呼唤着其财产权力的真正主人。但是，目前中国农村土地财产使用权乃至其他产权始终高高地悬在农民头上，而不能确权于农民。因此，未来的农村产权制度改革需要更多地思索如何体现农民当家作主的基本财产权利，才能利于我国和谐社会的构建。由此可见，农村产权制度改革有促进社会稳定和谐的作用。

2006年10月11日，党的第十六届中央委员会第六次全体会议通过了《中共中央关于构建社会主义和谐社会若干重大问题的决定》，提出要"按照民主法治、公平正义、诚信友爱、充满活力、安定有序、人与自然和谐相处的总要求，以解决人民群众最关心、最直接、最现实的利益问题为重点，着力发展社会事业、促进社会公平正义、建设和谐文化、完善社会管理、增强社会创造活力，走共同富裕道路，推动社会建设与经济建设、政治建设、文化建设协调发展"。可以看出，中央强调构建涉及社会、经济、政治、文化四大领域的全面和谐，这四者之间是相互联系、相辅相成的。

从另外一个角度来看，我国30年来的市场化改革历程本身就是一段构建民主法制、公平正义、诚信友爱的过程。但是，事实也证明，我国正处于社会经济转型的特定历史时期，市场经济的发展过程中在经济、社会等方面出现了一些不和谐的因素。"有相当多的社会矛盾与产权制度不完善有关，包括农村产权制度、国有企业产权制度、收入分配制度、社会保障制度、财产权制度等方面的不完善"[15]。改革中形成的多元化利益主体，在争取自身利益的过程中，难免存在分歧和矛盾，在这一过程中，缺乏有效产权制度约束的市场经济可能加剧社会的不平等、激化社会矛盾，影响社会的稳定和谐。和谐社会是全体人民各尽其能、各得其所而又和谐相处的社会。这种社会的形成需要从制度上保证整个社会的创造活力，从机制体制上协调好各方面的利益关系。而其关键之点就是产权的有效界定和保护，它是构成和谐社会的经济社会基础。

现代市场经济是明晰的产权制度、民主的政治制度、发达的交易规则等制度的组合。产权的起源与资源的稀缺性有关，如果资源取之不尽、用之不竭，就无需界定和保护产权，因此，产权的产生和制度化，起初是为解决资源配置和公平分配两大问题。下面，我们从产权本身的特征来看看其对构建和谐社会的重要作用。

首先，产权是依法占有财产的权利，它与资源稀缺性相关联，通过人与物的关系体现人与人之间的关系。社会的和谐在很大程度上取决于人与人之间利益协调机制的形成和作用，而利益关系的失衡往往是导致社会动荡的根源。日常生活中我们发展的人与人之间关系的不和谐大多因为发生利益冲突所导致，而利益冲突或利益纠纷的根源往往在于人们对物的归属或者由物品而产生的利益的认识不一致，换句话来讲，是因为产权界定不清晰而引发了人们的纠纷，从而带来了不和谐。具有法权性质的、清晰的产权可以使交易主体根据契约履行相应的权利和义务，在市场中获得平等的权利与地位，从而促进人与人之间利益关系的和谐。

其次，有效的产权能促进社会道德和社会信用的形成，从而促进人与社会的和谐。人与人之间的相互信赖及良好的社会道德，是社会和谐的一个非常重要的方面。在市场经济环境下，人们之间建立交易关系不再仅仅依靠传统的道德来约束，而是需要从更大程度上依赖于建立在一整套制度规范来进行约束。产权的功能之一是通过规范人们的行为而实现人们在市场经济中的正确预期，如果人们之间的交易不是建立在社会法律体系认可的产权制度之上，那么交易就会存在极大的不确定性，社会信用就难以形成。

再次，产权能有效改善人与自然的关系。现代制度经济学研究表明，产权是在争夺稀缺性资源的过程中，人们为避免不必要的损害，而在博弈中形成的均衡。哈丁的“公地悲剧”模型，恰如其分地说明了产权不清晰对资源可能带来的破坏。“公地悲剧”不仅发生在海洋渔场和集体牧场，还经常发生在我们周围，如集体林场的混乱砍伐、生物资源的滥捕滥杀、酸雨问题、河流污染等等。在公有产权结构或产权缺失条件下，外部性问题将使人们缺乏考虑自己使用自然资源时对他人的影响，导致公有自然资源较私有产权条件下更大程度的利用，出现更为严重的生态环境破坏或污染等问题。因此，在现代社会中，对自然环境的保护和节约利用，实现人与自然关系的和谐，在很大程度上要依靠明晰界定产权[16]。

链接1："问题土地"的和谐之痛

2007年，黑龙江省富锦市村民不断的对富锦市的官员们提出他们的土地要求，因此，富锦市政府也可能是这年全中国最忙碌的地方政府之一。因为，这些土地是官员们以国家利益为借口非法侵占的，其面积多达150万亩。因此，学者们也称之为"问题土地"。而对于富锦这150万亩"问题土地"，还需要从上世纪80年代黑龙江省政府试图做大做强"北大仓"的梦想说起。1988年，三江平原成为国家重点农业综合开发区。1989年3月，黑龙江省向国务院呈报称该省拟与韩国一公司建立一个合资农场，合作治水、开垦荒地。其中韩国公司出资1.75亿元、省政府农业开发办出资5000万元，富锦市提供57万亩土地。当时参加合资农场开工庆典的黑龙江省国土资源局局长赵福臣也感觉到了事情的复杂性，曾经写信给时任黑龙江省省长的田凤山，提出农场开工前应当办理用地审批手续和取得国有土地使用证。但赵福臣的意见并没有引起黑龙江省领导的重视。然而，事实上，合资农场最大的问题还在于用于合资的土地不是荒地，而是农民耕种几十年的熟地，牵涉到8个自然屯286户1303口人。而富锦市市委书记韩印把申报材料和现实情况之间的这种巨大差别归结为签合同时，他们拿到的是一张1980年以前的旧地图。更为可怕的是，官员们认为他们可以轻松地拿走农民的土地，富锦市市长李德香在一份答辩文件里说，农民开荒是私自开荒，地还是国家的土地，他们种了多年已经获利不少。现在由政府拿走发展经济，并非侵犯村民利益，只是让村民不再继续获利。村民们根据当年开荒文件认为开荒后的土地已经是集体土地，要求政府依照法定程序完成赔偿，再行征地。而1995年4月，黑龙江省政府农业开发办公室在一份文件里也承认说，如按照国家土地管理有关法律规定，农场应该支付至少5900万土地补偿费。如果再加上安置补助费、地上附着物和青苗补偿等费用将数以亿计。多部门的资金迟迟不能到位，谁也不想出钱。聪明的地方官员决定采用“划拨”和给少量补偿费用的策略来从农民手中获取土地。

在这些策略中，政府将中国土地管理法中的相关规定诠释为：城市市区的土地属于国家所有。农村和城郊的土地除法律规定属于国家所有的以外，属于农民集体所有。国家基于公共利益的需要，可以依法征用集体所有的土地。而不是“傻子”的村民们也搬出土地管理法拒绝搬迁，他们认为：合资农场并非公共利益，作为商业用地也不合乎国家划拨土地的法定条件，征用基本农田、超过35公顷的非基本农田的耕地或者超过70公顷的其他土地，都必须报国务院批准，富锦市府无权擅自划拨。

政府无法说服手捧法律的村民，就决定用“大棒”来解决问题。市委武装部长被委任为富锦政府清场协调办公室主任，并配以警察和特权。

而更为荒唐的是，政府官员们费尽九牛二虎之力完成的土地集中，却被告知由于官员的“疏忽”，韩国人拿着贷款跑了。而参与该项目的黑龙江省领导又是大笔一挥，指令哈尔滨四个大型企业为此项目提供担保，结果是韩国人拿着贷款不知去向。而黑龙江省将要在20年内偿还担保贷款连本带息一亿多元。而截至1995年4月11日，黑龙江省多个部门在此项目上已投入5332多万元。

时任黑龙江省省长的田凤山决心让富锦的数万农民来为官员的决策失误买单。富锦政府又心领神会的成立了所谓的农业开发公司来对外发包土地，以收取承包费来填补亏空。一时间，富锦的官员们纷纷成了得到大片土地承包权然后再转手承包给农民并从中牟利的“地主”。

1997年，绝望的村民在村里唯一的“大人物”人大代表戴珊带领下开始大规模上访。从地方法院一直告到最高级别的人民法院。村民在北京的激烈抗争令富锦政府做出了些许让步，政府允许他们承包了280垧土地，但一垧地一年要交承包费用700元。初步胜利的村民开始要求富锦市市府归还其他300多垧土地，遭到断然拒绝。

而且，厄运再次逼近村民。2003年开始，随着农产品价格的不断上涨，农民的土地承包费也开始持续攀高。2006年，富锦市开发办将每垧土地的承包费提升到1950元，经由官员们发包给农民的承包价则最高达到了2200元。

因为暴利，富锦市掌握的30万亩土地成为各方势力竞相追逐的目标，在富锦，谁掌握土地，谁就能财源滚滚。开发办不得不平衡各方力量。但将土地发包给官员，然后让他们再去发包给农民的路径是不会改变的。一些官员甚至进入被法律保护的草原或者湿地疯狂开荒，竞相圈地。至此，官员们非法侵占农民土地共计150万亩，且为夺取各自利益闹得不可开交。甚至于当各方势力对簿公堂后，还闹出了“他们只是一个管水的，有什么权力收土地承包费呢”的笑话。

2004年，国务院总理温家宝对农村一免两补政策的宣布，使农民种田的补贴可高达每亩460元。富锦4万失地农民备受刺激；他们发誓只要活着，一定要追回自己的土地。但13年过去了，富锦土地仍如深重铁幕，牢不可破！

2007年12月2日，富锦东南岗村村民于长武、王桂林草拟了一份宣言称，他们将代表富锦市72个村，4万失地农民讨回并重新分配被非法占用的土地。紧随其后，各个村子农民即开始自发丈量土地，并对土地进行重新分配。

富锦农民在他们的150万亩“问题土地”面前的如此所作所为有待我们去深深地思考和回味！然而，无论是执政党还是每个公民都很清楚这种选择又意味着什么？

政府抢占农民土地，官员成为地主，农民变成长工的怪异现状，不能不引发我们沉重的思考，中国的农民为什么总是轻易地丢了土地？而命运又是如此的惨烈。北大荒辽阔的土地上，冬季灰色的田野和天空中，残败的玉米秆在寒风中簌簌作响的声音似乎就是这些中国失地农民的呼声。而现实又是那样不相信眼泪，抗争似乎是千百年来中国农民的唯一选择吗？和谐社会的构建真的是“路漫漫其修远兮”吗?

链接2:“土地村民集体所有制”被“否定”之后的又一“公告”

无独有偶,除了黑龙江省富锦之外,陕西三门峡库区及江苏宜兴农民也在网上发布了类似的“告全国民众书”中,更是明确提出“我们对土地所有权的主张”,认为“我们自己就是所承包土地的真正主人”。

三门峡库区农民在“公告”中称:“上世纪50年代国家修建三门峡水库,占据了我们共80万亩耕地,经30年的血泪抗争,到80年代国务院划拨了30万亩土地安置回迁移民。但实际移民只分到了15万亩,还有15万亩地却被各级官员以各种名义占有。”“他们每年仅出租土地就收入4000 万至6000万元。移民实际人均耕种还不到两亩地,迫于生计我们要以高价向官员租种原本属于自己的土地。”“由于上访几十年不能解决,按法律规定的程序也不能解决,我们三门峡市约7万农民现在共同决定收回我们的土地所有权,并向全国宣告。”

江苏省宜兴市省庄村村民也在“公告”中称:“我们省庄村的全部宅基地归全村各户永久所有,耕地和竹山归全体村民平均永久所有。这些土地曾归我们的世代祖先所有,现在归我们和我们将来的世代子孙所有。”“除非经我们全体农民共同同意,并按照国家相关法律办理手续,任何拆迁和侵占土地的行为都是非法的,我们永远不予承认。”“自公告发布之日起30 日内,任何人或任何单位应立即终止对省庄村全体农民宅基地、耕地的侵占行为,并撤除其地上所有财产。逾期不办理的,我们将根据全村农民的共同决定,直接采取行动,阻止侵权行为,誓死捍卫我们宅基地和耕地的所有权。”

当然,这些所谓“公告”也有操之过急之言,然而熟悉共和国历史的人们或许应该明白,农民的这一“口号”所带来的震动并不亚于历次中国农民因土地而革命的呐喊!因为它与历史上农民“耕者有其田”的要求是如此的雷同!这次农民要求土地所有权的主张更加需求维护中国《宪法》有关条款以及《土地管理法》相关条款之尊严。因为,这两部法律均明确规定城市土地国有,农村土地则由集体所有。

对此，农业问题的专家们进行了深入的评析。党国英指出，富锦事件反映了我们在土地管理方面出现了系统性的问题。问题出在基本制度上，包括法律规定的合理性基础也存在问题；正是由于基本制度的不合理，才留下了地方和中央之间博弈的空间。因此，他认为应该从根本的制度上解决问题，总的思路是“放开产权，管住规划”。

而与一些人的看法不同。李昌平认为，1988年以来农民失去土地，不是因为“土地村民集体所有制”，而恰恰是因为否定了《宪法》规定的“土地村民集体所有制”，否定“土地村民集体所有制”是上世纪90年代的私有化运动的重要组成部分，不是孤立的事件。政府征用农民的土地，补偿的是农民30年承包期的土地农用收益。政府征用土地所有权，补偿给农民的只是30年土地农用使用权。

针对富锦等地的公告中农民声称他们将拥有长期被各级官员所侵占瓜分的150万亩土地的永远所有权，并摒弃土地的原“村集体所有制”的主张。李昌平提出了一个更为深刻的话题：失地农民凭什么要回自己的土地？他认为，由于农民只在乎自己家的承包权，对土地村民集体所有权并不十分关心；集体所有制是民有制，只有落实了民有制，才能在民有制（集体所有制）基础上讨论怎么实现村民家庭或个人对土地的所有权和经营权。如果东岗等村农民自己否定了“土地村民集体所有制”，要收回的土地权利顶多只是30年的承包权，而不是土地所有权。因此，他认为“现在最要紧的事情不是否定土地村民集体所有制，且恰恰要赶紧找到村民集体所有这片土地的有法效的依据”[17]。

忱古思今，无论哪一个国家或地区，尤其是农业国家，地制不稳、地动山摇，国无宁日，民众也不能安居乐业，这已为数千年来中国农耕社会的历史事实所反复证实。所以，农村土地产权制度已经成为我国农村产权制度的重中之重。富锦及其他地区农民对地权的要求折射出的是中国农村产权制度的负面。正如党国英所言，我们在土地管理方面出现了系统性的问题。如果真的是如此，那么，对此积弊进行剖析又是对当今中国未来农村以及整个和谐社会构建有十分重大的理论与现实意义的！

## 秘密之五——增进社会诚信体系建设的关键因素

之所以要建立清晰的产权制度，不是说有了它人们就能关心长期的利益了，而是因为清晰的产权制度建立后，人们利用这个产权产生的收益或损失都是确定的属于自身的回报。这就能促进人们关心长期的更为丰厚和稳定的利益，促使人们做出符合长期利益的行为，这就是社会信用产生的基础。

党的十六届三中全会提出要“建立健全社会信用体系”，并且第一次明确指出了以产权作为社会信用构建的基础，即提出社会信用制度要“以道德为支撑、产权为基础、法律为保障”。我们可以从以下三个方面来理解产权对诚信社会建设的作用。

首先，权利是信誉的载体，诚信的基础。产权是市场交易进行的前提和交易最终能够执行的物质保证。在市场经济中，商品交易的本质是权利和利益的交换。要保证交易的顺利进行，就需要对交易各方的权利和义务进行明确的界定，并以契约的形式交易保护。“财产制度是契约的基础，没有产权的契约不具有可执行性。同时，拥有财产权使得契约双方都具有惩罚对方违约的力量”[18]。因此，在一个没有产权或产权不清晰的社会，很难想象会发生商品经济和商品交换，更不会产生基于交易的诚信观。

从经济学的角度看，一个稳定、清晰的产权制度能够给人们提供一个追求长期利益的稳定预期和重复博弈的规则。人们之所以有追求长远利益的动力，就在于产权是明晰的。在产权边界清晰的环境中，社会各个经济主体十分清楚自身所有权在数量上和质量上、时间上和空间上的界定，可以衡量其所有权价值的大小，减少了经济活动中的不确定性，从而可以清晰界定交易的利益预期。只有产权明晰，人们才有追求长期利益的愿望与需要，而只有追求长远利益的人们才会注重信誉，信誉机制也才会发挥激励约束的作用。如果产权不清晰，人们就无法也无须为自己的行为承担责任，也无法或不能获得因为守信用而获得的长期利益。产权是信誉的基础，明晰的产权是人们追求长远利益的动力，只有追求长远利益的人才会讲求信誉，无恒产者无信用[19]。正如德姆塞茨所说："产权是社会的一个工具，它的意义来自于这么一个事实：它能够帮助一个人形成与他人进行交易的合理预期，这些预期的表达方式是通过社会的法律、习俗和道德来进行的。谁拥有了产权，实际上就拥有了其他人允许他以某种方式行事的权利。"[20]

其次，产权制度是调整信用方式以适应市场经济发展的基础。产权是因人们对物的占有而发生的人与人之间的社会关系。产权确定了人们相对于物时的行为规范，在市场经济环境中，每个人都必须遵守与其他人之间的相互关系，或承担不遵守这种关系的成本。因此，产权是一系列用来确定每个人相对于稀缺资源使用时的地位的经济和社会关系[21]。

在我国传统的经济生活中，人与人之间的经济交往是建立在亲情、血缘关系上的，信用方式往往局限在狭窄的"亲缘"体系中。导致这种信任方式的主要原因在于古代中国政府对私人产权不能提供有效的保护，甚至任意剥夺私人的财产。黄仁宇先生在《资本主义与二十一世纪》中写道："现在我们开卷时即要说明，这种'有效率的私人财产权'之原则，历来不为中国法制所支持。""古代中国的政府没有对私人产权和私人契约提供有效的保护，信任结构就不可能超越血缘宗法关系。即没有把基本的认同和信任扩展到陌生人，信任的圈子仍然局限在宗族或'朋友'之内。"而在市场经济下，交易把劳动分工合作从家庭范围拓展到家庭之间、部落之间和村庄之间，并进一步扩展到地区之间和国家之间。市场经济不再相信"熟人"，而是以契约作为媒介连接各方参与者，并约束市场参与者。市场经济的发展必然要求当事人对契约的遵守和契约制度的完善以及契约文化的培养，这就要求人们在经济活动中采取信用的方式须要从以"熟人身份”为特征向以“契约”为特征的普遍主义结构转变。市场经济中的诚信，也主要存在于这种契约关系中，主要表现在对于契约关系的尊重和订立契约的履行。而保证这种契约的公平、合法和有效，以及惩罚未履行契约的行为，都依赖于清晰的产权界定。

第三，诚实信用是市场主体实现自身经济利益的基本保障。市场经济的本质就是商品生产者通过市场交换其社会劳动产品的服务。由于劳动产品和服务的交换要求市场主体之间的物品要“货真价实”，但正如上面提到的，市场经济发展必然会改变人们之间信用的方式，不再是熟人和熟人之间的信任关系，而是以契约为媒介发生经济关系。为了顺利地进行交易，市场主体必然希望和要求其他经济主体诚实守信地履行交换本身所产生的各项义务，以便实现自己的商品的交换价值。因此，诚实信用是对参与交易活动中的各方当事人真诚守信地履行交换义务的法律规定，是交易安全的基本保证。契约是交易的关键，而契约的建立必然要求市场主体对交换物有清晰的产权，这样在责权明确的情况下，各个经济主体在交易中承担的责任、拥有的权限是独立的，有遵守履约的责任和义务，制定的跨期契约条款应及时执行，不会因权责不清向其他经济主体推卸责任。

上述分析我们可以看出，产权是信誉的载体、信任的基础，一个完善的产权制度有利于建立普遍主义的信任结构。当前，我国正处于经济转型期，与新的市场经济条件下的社会经济结构及人与人之间以市场交易为主的社会关系相适应的经济、法律制度尚未完善，尤其是经济基础制度不完善。加上政府监管不到位，利益分配存在不公，贫富差距较大，在急功近利思想的误导下，假冒伪劣、坑蒙拐骗、欺诈等现象层出不穷，违背诚信原则获得财富的事情时有发生。完善的产权制度是建立良好信用制度的基础，产权制度不足是信用缺失的根本原因。因此，完善产权制度，塑造以市场经济为基础的诚实信用，发挥诚实信用原则的社会功能已成为迫在眉睫的事情。

## 秘密之六——构建制度反腐的关键抓手

马克思曾经在《剩余价值理论》中说过："一定的人们对土地、矿山和水域等的私有权，使他们能够攫取、拦截和扣留这个特殊领域即这个特殊投资领域的商品中包含的剩余价值超过利润的余额……"[22]

我国现在土地产权制度存在诸多缺陷，产权残缺与产权不明晰同时并存，城乡土地产权不平等，土地管理中的规划权、征地权、执法权相分离的体制以及合法征地、独立执法的土地管理机制还没有形成。这种体制使土地管理的专业性、公正性和统一性受到影响，造成土地管理依附于行政机构的束缚，土地监督和执法易受干扰，土地违法事件屡禁不止，国家的土地收益大量流失。根据国土资源部2004年年终报告，目前，全国在土地市场整治整顿中，已追缴土地出让金175.5亿元。各地通过自查，发现超范围划拨供地2695件，涉及金额6.3亿元；违规低价出让土地2065件，涉及金额4.3亿元；擅自减免出让金14355件，涉及金额225.9亿元[23]。

从最近几年揭露的几起土地腐败大案来看，如前上海市房地局副局长、上海市土地学会会长殷国元案，福州仓山区和青岛崂山区的土地腐败窝案，主管城建的北京市副市长刘志华案，天津检察院检察长、市政法委副书记李宝金案、外逃的福建省工商行政管理局局长周金伙案、安徽省副省长何闽旭案等，都与"房屋拆迁"、"土地出让"不无干系。有土地专家估计，全国每年土地收益流失至少有100亿元以上。参与腐败的官员如此之面广量大，涉案金数额之巨大，实在令人震惊，引人反思。

从对这些土地腐败大案的特征分析来看，各级政府及其土地资源行政主管部门的主要领导，是土地的潜在腐败者。近年来在土地腐败案件中落马的，几乎都是位高权重的地方党政"一把手"或是国土局的"土地爷"。如原广东省副省长于飞，利用职权为其女儿在香港注册的皮包公司批地3500亩，一转手便轻而易举获得2800万元。而究其腐败的根源，在于这些“土地爷”和地方党政“一把手”土地批租的权力，从成克杰、胡长清等重大案件来看，一个电话、一张纸条、一声招呼，成千上万亩的土地就能够批出去，成捆成捆的钞票就进入了个人的腰包。而他们的这些权力又源于土地开发这一地方政府谋求地方财政利益最大化的重要手段。地方政府在追求土地的增值收益过程中，为作为政府代理人的“土地爷”和“一把手”们的腐败行为留下了巨大的初始制度空间。

土地开发既是“权力密集”和“资本密集”的交汇地带，也是酝酿团伙腐败的温床。如前所述，由于目前我国土地资源征用的一级市场垄断在国家手中，土地开发已经成为地方政府谋求地方财政利益最大化的有效手段，而在此过程中，国家权力特别是核心权力才能干预、插手土地资源的征用配置。从对各种土地腐败的分析来看，在此过程中，腐败官员往往利用权力先以“公共利益”为名化民众之“私地”为“公地”，再以“城市化”“工业化”为名化“公”为权贵之私。不受制约的权力成为腐败官员们的“原始积累之泵”，一头把老百姓的土地泵进国库，一头又把国库的东西泵进自己的私囊。而且这种权力在土地上获取的特殊利润，比起其他方面的“收益”具有来得易、富得快的特点。

原全国人大常委会副委员长成克杰在担任中共广西区委副书记、区人民政府主席期间，利用职权聚敛钱财，其中数额最大的当数土地交易。1994年3月，成克杰利用职权，将广西银兴房屋开发公司由原隶属广西国际经济技术合作公司改为直接隶属自治区人民政府办公厅领导和管辖。银兴房屋开发公司总经理周坤为了获取西园饭店门口的一块地皮，向成克杰的情妇李平承诺，如能获得这块地皮可给1000万元的好处费，如能把地价压到每亩70万元以下，好处费还可以增加。私欲膨胀的成克杰丧失了理智，他指示南宁市政府将这块地给周坤开发，出让价格由评估价每亩96万余元压到每亩55万元。这样，周坤把好处费增加到1600万元。

目前，以国家权力进行土地违法的形式还呈现出多样化和隐蔽化的趋势，这又主要表现在地方政府利用目前土地制度的不完善打擦边球的现象比较普遍。发生的土地腐败案件中，一些地方政府假公共利益之名修改土地利用总体规划和采用拆分手段，化整为零批地；一些地方还出现了“以租代征”，连农用地转用手续都不办理的情况；如政府从农民手里租地后再出租给企业；还有将耕地改作非耕地的，有将房地产开发经营性用地改为经济适用房用地的，有将出让供地改为划拨供地的，有变换用地时间的，有改动土地面积的。原江西省副省长胡长清就曾帮助福建迅荣房地产公司将一在建项目列入国家安居工程，从而享受土地供应等方面的优惠政策，收受该公司董事长林建福人民币6万元，索要价值8万多元港币的劳力士手表两块。

土地腐败已经成为官员腐败的一个重要通道，成为民怨、民冤的一个重要诱因，成为破坏我们党和政府威信的一个重要原因。我国在唐朝就制定了保护土地的刑法条款，对为官者侵占土地做出这样的规定:“诸在官侵夺私田者，一亩以下杖六十，三亩加一等；过杖一百，五亩加一等，罪止徒二年半。园圃，加一等。”近年来，党和国家先后查处了一批土地批租领域的腐败案件，处罚了一批土地腐败分子。但是，土地腐败并没有从根本上得以遏制。国土资源部执法局张新宝指出，自新《土地管理法》实施以来的7年中，也就是1999年至2005年，全国共发现土地违法行为100多万件，涉及土地面积近500多万亩。据卫星遥感监测对新增建设用地进行检查发现，前几年违法用地平均占新增建设用地总数的34%,有的地方高达80%以上[24]。

地者，万物之本源，诸生之根苑。土地孕育了万物，也孕育了生命。魏征曾进谏唐太宗李世民：君舟民水，水能载舟，亦能覆舟。同样，地载万物，既能载人，亦能葬人，一幕幕土地腐败的悲剧警示我们：源于土地的腐败如不及时铲除，既严重损害了党的形象，也破坏和扰乱了土地市场秩序，造成了国有土地资产的大量流失。

链接："土地爷"的权力与悲哀

2008年 8月14日下午2时，64岁的殷国元被上海市第一中级人民法院宣判死刑，缓期两年执行。据检方指控，2000年到2004年，殷国元利用职务便利，为上海惠格置业发展有限公司、上海金农置业发展有限公司实际控制人江某某，上海盈嘉房地产发展有限公司、上海茗嘉房地产发展有限公司负责人俞某以及上海博轩商务咨询有限公司、上海静安城建配套发展公司等个人与单位，在土地利用、拆迁许可等事项上，谋取利益。殷还于2002年到2006年间，单独或伙同其妻陈伟多次索取、收受上述个人、单位所贿财物、股权；他们还以明显低于市场的价格向请托人购买房屋，受贿数额总计人民币3671万余元。其中，陈伟参与受贿863万余元。2002年底，殷国元与上海惠格置业发展有限公司、上海金农置业发展有限公司实际控制人江某某共谋商定，由殷利用职务便利，为江提供帮助，届时由江给予好处费。从2002年到2004年，殷国元利用职务便利，要求下属上海市房地局土地利用处原处长朱文锦从速办理土地征用手续，要求嘉定区房地局等相关部门将辖区内一项目交由江某某负责开发。其后，殷国元又要求嘉定区房地局下属上海嘉房置业有限公司降低在惠格公司中的持股比例。据统计，从2004年到2006年期间，殷国元先后向江某索取和收受现金、股权、房屋、轿车等贿赂总计3280万余元。殷国元还多次向自己曾为其提供过便利的房产公司买房，交易价格明显低于市场价格，且大部分购房款来自其他开发商。如，殷国元曾为上海茗嘉房地产发展有限公司在动迁许可证方面谋取过便利。2004年，殷国元曾以110万元购买了茗嘉公司的关联公司名下的一处别墅，比市场价低91万余元。同时，110万元购房款来自其他房地产公司。

检察机关还指控称，殷国元曾以139万余元的价格购买市场价253万余元的上海杨浦区国定路房屋两套，大部分房款也是向上述江某某索取的；2002年，殷国元以28万余元的价格购买了市场价近50万元的上海胶州路上一处商铺，这笔房款是向另一房地产公司老总卢某索取的；2002年，殷国元以133万余元购买了市场价259万元的浦东新区"康桥半岛"小区房屋两套……根据检察机关起诉，截至案发时，殷国元拥有的财产及支出共价值人民币4952万余元、美元4万余元。其中，非法索取、收受他人财物价值3671万余元，合法收入和来源明确的所得467万余元，尚有价值人民币812万余元和美元4万余元未能说明其合法来源。关于滥用职权罪名，检察机关表示，2002年，殷国元在担任上海市房地局副局长期间，接受卢某、陈某某的请托，在审批旧区改造项目时，滥用职权，造成国家经济损失4657万余元。近两年来，上海市房地产系统多位官员涉案。已经获刑的上海市房地局土地利用处原处长朱文锦，过去正是殷国元的下属。2007年9月，朱文锦被诉受贿400万元以及非法批准征用土地两项罪名，获刑15年。另据《财经》记者了解，今年年初涉案被查的五位上海市房地局官员，亦与殷国元有一定关联。其中，部分人士过去曾在上海土地学会任职。

## 秘密之七 ——农民利益的护身符

对于我们这个土地资源严重短缺而人口压力异常沉重的大国来说，正在用占世界7%的耕地养活着占世界22%的人口，而且这一情况还在不断恶化，因此切实保护耕地就是保护我们的生命。

在中国这样一个长期以农为本的国度，农民问题由来已久，农民富而国家强，农村稳而国家兴。正因为中国是一个拥有8亿农民的大国，“三农”问题无疑成了中国改革开放的首要问题，解决好了“三农”问题，也就解决好了中国的基本问题，换句话说，只有解决好“三农”问题，才能有国家的长治久安，才能保护来之不易的改革成果。改革开放30年，围绕农业、农村、农民问题，中央出台了一系列重要政策文件，包括数个中央全会文件和10个中央“一号文件”。如果将30年来中央农村工作文件连在一起看，中央农村工作领导小组办公室主任、“三农”问题专家陈锡文用一句话作了概括性总结，即经济上保障农民的物质利益，政治上尊重农民的民主权利。这是党的十一届三中全会就提出来的对待农民的准则，是贯穿整个农村改革的“红线”。不难看出，中央农村系列农村政策始终把保护农民利益放放在首位，但全国各地城乡一体化进程中，城市化的规模空前扩张，农民利益屡遭侵犯，土地制度变革的呼声越来越高，农村产权制度改革为切实保护农民利益提供了制度性的保障。

在城市化进程中，由产权纠纷引致的开发商与“拆迁户”的争执、“征地”的地方政府与“钉子户”的对峙、甚至警民之间的暴力冲突，也时有所闻。追本究源，所有这些沮丧、挫折、争执、冲突都导向一个词：产权。秘鲁经济学家赫南多·德·索托在《资本的秘密》里提到：“资本主义为什么在西方取胜，而在其他地区失败？”他给出的答案是：由于非西方国家的法律制度赶不上人口流动、城市化等社会变化的步伐，社会大多数成员的财产只能游离于法律系统之外，因而成为“死资本”。索托描述了所有发展中国家的一个惊人的相似之处：“这些国家绝大多数的贫困居民确实拥有财产，但他们缺乏代表其财产并进而创造活资本的机制。他们有房屋，却没有产权；他们有庄稼，却没有契约；他们有企业，却没有公司章程。”在这里，产权已经不再是一个枯燥的法律名词，你就会意识到，能否在法律上承认社会大多数成员的房地产所有权，在某种程度上甚至决定着一个落后的国家能否真正地实现经济起飞。中国社会科学院学术委员陆学艺说：“9亿农民中，占75%的农民的房子总面积大概是50亿到60亿平方米，人家已经住了几百年了，却不承认这个房子是可以抵押的。”中国农民经过几代人的长期积累，拥有可以居住的房屋和可以耕种的土地，并非没有财产，而是没有对这些财产合法的表达方式和允许把这些“死财产”变成活资本的配套统一的制度体系，这个体系就是农村产权制度。

《物权法》的颁布实施，对保护老百姓的财产权利提供了充分的法律救济渠道和途径，有财产，就存在财产的确认、维护权利等问题，没有财产，就有取得财产的过程。财产是谁的？财产人有哪些权利？财产受到侵犯时怎样保护？回答这三个问题成了整部物权法的全部内容。《物权法》第64条明确规定：“私人对其合法的收入、房屋、生活用品、生产工具、原材料等不动产和动产享有所有权 。”私有财产权的存在客观上限制了政府恣意行政。现代政府是权力受到制约的“有限政府”，政府存在的正当理由是保护公民包括财产权在内的各种权利。从一定意义上讲，政府应当对公民的私有财产持一种尊重乃至敬畏的态度。但对于中国广大的农村，有财产无产权的事实很难让农民的财产纳入《物权法》的保护体系，在回答“财产是谁的”这个最基本问题面前也显得苍白无力。

18世纪中叶英国有一名叫威廉·皮特的首相，他在一次演讲中曾如此诠释私有财产权的神圣不可侵犯性：“即使是最穷的人，在他的寒舍里也敢于对抗国王的权威。风可以吹进这所房子，雨可以打进这所房子，房子甚至会在风雨中飘摇，但是没有房主的允许，国王不能随意踏进这所房子，国王的千军万马也不能踏进这间门槛已经破损了的破房子。”这段话后来被概括为“风能进，雨能进，国王不能进”，成为了常常被人引为经典的宪政寓言。这句话表达了财产权对个人（包括穷人）的重要性和神圣性。穷人的茅屋之所以能够成为抗击王权的堡垒，其原因就在于它被法律认可为“私人领地”，受到法律的保护，任何人的随意践踏都可能遭到穷人运用法律武器的坚强抵制。一介草民，他能够在权贵面前保持做人的尊严，他能够对国王的“进入”坚决说“不”，这样的勇气正是来自于法律对他拥有茅屋所有权的认可。与西方谚语“风能进，雨能进，国王不能进”为象征的私有财产神圣不可侵犯的观念相对应，中国先哲很早便认识到“有恒产者有恒心”。 在农村产权制度体系设计中，不仅对农村居民所拥有的各项合法财产发放产权证书，而重要的是将农村各项产权纳入受法律保护的并与城市产权相配套的一体化市场体制之中，这个市场将为农民所拥有的财产提供一个与公有财产平等的地位和保护机制，其运行将遵循市场经济要求，平等保护一切市场主体，体现了对不同物权主体平等保护的原则，也体现了现行宪法的精神。民法学家王家福说：“市场经济要求市场主体享有相同的权利、遵循相同的规则、承担相同的责任。如果市场主体不平等，我国的市场经济肯定就没法搞。”物权法对公私财产给予平等保护，将使中国农村居民与城市居民一样对自己的财产拥有了平等保护的机会，这也可能意味着，公私物权发生冲突时，将有望一改过去私人被迫放弃权益的无奈结局。从这个意义上讲，农村产权制度带给广大农民的不仅仅是对恒产的确认，更重要的是让恒产流动起来，并有效地纳入到市场经济体系中，作为市场要素的资本，这种由农村资源转变过来的资本一样会受到平等的保护。

## 秘密之八——耕地保护的制度性保障

30年前发轫于我国广袤农村的改革开放，赋予亿万农民土地承包经营权，使农业生产力获得了极大的解放，为成功开辟中国特色社会主义道路奠定了坚实基础。30年后的今天，我国农村改革发展又站在了新的历史起点上。党的十七届三中全会审议通过的《中共中央关于推进农村改革发展若干重大问题的决定》，在做出了赋予广大农民更加充分而有保障的土地承包经营权等重大决策的同时，特别提出，要坚持最严格的耕地保护制度，层层落实责任，坚决守住18亿亩耕地红线。并提出了划定永久基本农田，建立保护补偿机制，确保基本农田总量不减少、用途不改变、质量有提高等具体要求。这一规定明确告诉我们，必须以对历史、对子孙后代高度负责的态度，始终绷紧耕地保护这根弦，牢牢守住18亿亩耕地红线。对我国七八亿农民来说，耕地仍然是他们的“命根子”，《决定》明确规定，始终把实现好、维护好、发展好广大农民根本利益作为农村一切工作的出发点和落脚点。这是最近一次国家在重要文件中提出耕地保护的问题，回溯过去，又有哪一次国家涉农重要文件中没有提到耕地保护的问题呢？早在1984年，我国就将耕地保护作为基本国策，然而，20多年过去了，耕地保护问题却变得越来越紧迫……过去11年，我国耕地总面积已经减少1.25亿亩，失去的耕地面积超过了一个河南省，而河南省近两年生产的粮食约占全国的10%。同时，伴随着工业化、城镇化进程，1997年至2005年，我国乡村人口减少了9633万，而农村居民点用地却增加了170万亩，农村建设用地利用效率普遍较低[25]。

## 耕地破坏的制度性根源

破坏耕地的力量主要来源于两方面，一方面是自然灾害因素等不可抗力，如洪水泛滥、沿海地区耕地盐碱化、地质灾害等。另一方面是人类进行经济社会活动中产生的破坏。在我国，近30年来对耕地的破坏更多地显现在城市化和工业化过程中人为带来非正常破坏，而制度因素是耕地破坏难以得到有效遏制的主要原因。

第一，在农村产权制度设计上，耕地所在的集体土地所有权主体不清，权利和义务的界定不清晰，集体的模糊性导致了其难以成为自觉的耕地保护者，土地所有权及其他各项权能无法有效地行使，对承包给农户的土地使用权缺乏约束力，必然导致滥用、乱用土地，耕地保护无法从根本上得到实施。由于集体土地缺乏明确的人格化代表，村委会或者乡镇政府往往成为决定集体土地命运的代理人，代替集体做决策，在利益的驱使下，耕地受到政府以"公共利益征用"面目出现下的侵害也就是可想而知的了。

第二，农地的承包经营权不稳定，农民缺乏对农地稳定的收益预期，往往采用粗放的、掠夺式耕作方式，导致耕地质量不断下降。对于稳定土地承包关系的问题，虽然国家立法已经予以明确，如《物权法》第130条规定"承包期内发包人不得调整承包地"，《农村土地承包法》第27条规定"承包期内，发包方不得调整承包地"，但政策落实情况并不理想。农村土地承包经营权发证率低，农民通过产权维护自身利益的认识不够，"三年小调整、五年大调整"仍然在农村盛行。

## 明晰土地产权——耕地保护的最有效途径

从根本上说，耕地保护，尤其是耕地质量的保护，只有彻底明晰土地产权，还权于民，使农民真正去关心自己财产的终极利益。同时，要使农地与城市用地一样获得完整的产权和平等的地位，不再存在由于产权主体不同造成的歧视。让城乡用地接受统一的价格调节，使农地向城市用地的转换建立在市场机制的平等基础之上。并且借助于产权自身的激励机制和保护功能，来事先对耕地资源的保护。

商鞅在《商君书》中说："一兔走，百人逐之，非以兔可分以为百也，由名分之未定也。夫卖兔者满市，而盗不敢取，由名分已定也。故名分未定，尧、舜、禹、汤且皆如鹜焉而逐之；名分已定，贫盗不取。"其中所谓"名分"，就是"权利归属"，所有权属于谁，财产所有权归属确定，就可以消弭纷争。也就是说，有了产权我们就拥有了定分止争的利器。但是仅仅满足于定分止争是难以发挥产权制度作为微观经济基础来推动经济发展的作用的，关键是要让产权能够流动，能够在交易中产生价值。

《中共中央关于完善社会主义市场经济体制若干问题的决定》中提出了建立健全现代产权制度，其中特别强调要推动产权有序流转，并强调产权顺畅流转是现代产权制度的基本内涵，也是产权效率改进的机制保证。既然有序流转是产权流动最本质、最直接的要求，那么怎么才能做到确保产权有序流转呢？答案就是制度，我们必须为产权的流动创造一套游戏规则，就像汽车与公路、与交通规则的关系一样，有了汽车，但是没有公路、没有交通规则，汽车的作用就难以发挥出来。只有建立和完善了与产权相配套的法律、政策作为制度保障，让产权沿着市场经济的轨道有序运行，产权才会在市场经济中发挥出巨大的能量。

## 注释


1. 哈丁（G.Hardin），在其同名论文《公地的悲剧》中讲述的故事，1968。
2. 《马克思恩格斯全集》第1卷，382页。
3. 〔美〕罗伯特·考特，托马斯·尤伦，《法和经济学》，125页。
4. 科斯等著，刘守英等译，《财产权利与制度变迁》，上海人民出版社，1994，204页。
5. 张五常，《经济解释》（三卷本），2002。
6. 《马克思恩格斯全集》第46卷（I），北京：人民出版社，1959，454页。
7. “联产承包责任制”的全称是“集体土地承包到户后实行联系产量计付报酬的生产责任制”，即“包产到户”，是破除人民公社初期采用的“迂回战术”。之后逐渐被更为彻底的“包干到户”替代。“事实上，宪法关于‘以家庭联产承包为主的责任制、统分结合的双层经营体制’，也是到了1999年才修正为‘以家庭承包经营为基础、统分结合的双层经营体制’”。（见陈锡文，《农村改革与制度变迁》）
8. 陆学艺，《“三农”新论——当前中国农业、农村、农民问题研究》，社会科学文献出版社，2005.5，38页。
9. 温铁军，《“三农”问题与制度变迁》，中国经济出版社，2009.1，3页。
10. 《中华人民共和国物权法》，128条。
11. 新华社，《困境中孕育突破——2000年中国农业发展评述》。
12. 保罗·萨缪尔森，威廉·诺德豪斯著，萧琛译，《经济学》[M]，北京：人民邮电出版社（第17版），184页。
13. 樊纲，《市场机制与经济效率》，上海三联书店，1992，126页。
14. 朱泉鹰，《〈物权法〉激励财富创造》，人民论坛，2007，3页。
15. 张为付，盛朝迅，《市场机制、产权制度与社会和谐》，《南京社会科学》，2007.5，43页。
16. 徐俊武，《和谐社会的构建与产权制度建设》，《中南财经大学学报》，2008.3，17页。
17. 李昌平，《“土地革命”缘何又起》。

18. 陈富国，《契约的演进与制度变迁》，经济科学出版社，2002，189页。
19. 张维迎，《产权、政府与信誉》，生活·读书·新知三联书店，2001，10～11页。
20. 程民选，《信誉与产权制度》，西南财经大学出版社，2006.5，96 ～ 97页。
21. 菲吕博腾，配杰威齐，《产权与经济理论：近期文献的一个综述》，见《财产权利与制度变迁》，上海人民出版社，1994。
22. 《马克思恩格斯全集》第26卷。
23. 《经济日报》，2004.8.30。
24. 张新宝，《土地违法的新动向、新特点》，人民论坛，2006，11页。
25. 《中国国土资源报》，2008.11.5。

Three

# Chapter 3

## 制度的力量 | 第三章

ZHIDU DE LILIANG

## 本章导读

上一章我们讨论了产权的秘密，本章我们将讨论产权的另一个秘密——制度的力量。产权最大的功能是确定产权归属和产权交易的合法性问题。而产权在市场中完成由资产向资本的转化，就必须依靠围绕产权流转的游戏规则以及一系列社会和经济制度做保障。为了让我们更加清楚地了解制度所能产生的力量，我们需要将精力集中于新中国建立以后的我国经济制度安排，来看看制度的力量到底有多大。这段历史距离我们很近，或许还有制度安排带来的伤痛，然而这也正是我们介绍制度力量的有力佐证。让我们重新去温习这段历史吧。

## 产权与产权制度

交通道路的发展、交通规则的形成是因为有了汽车之后才有的，那么产权也是一样的，要使产权真正发挥作用，必须有其相应的配套制度作为保证。因而，中国农村产权功能作用的发挥不仅需要还权于民并赋予其财富的“身份”名片，而且还需要健全配套的制度保障。与此同时，中国农村产权制度的改革不仅仅应关注其立法的“效率维度”，而且还应从机制互动的角度阐发其社会的“公正维度”。就像单机电脑是不能形成网络一样，它还需超越其产权制度安排本身以外的其他社会制度变革相配套。

产权与产权制度是两个不同层次的概念。正如前文所述，产权即财产权利，包括所有权以及由所有权派生出来的各种支配使用权，是排他性的权利束缚，或者说是一组与财产的使用、支配、收益和处置有关的权利。从新制度经济学的观点来看，产权都同制度须臾不可分，现代产权需要国家通过正式制度来界定。有了产权，并不一定代表产权一定会产生积极的激励作用，关键在于这种界定清晰的产权能够得到有效保护的程度，而这正是制度的作用。

产权制度主要表现在宏观层次上政府对产权进行界定、保护和执行，是界定和规范产权关系的制度集合。它往往通过立法形式建立，通过法院、警察、政府机构等国家权力机构执行。产权制度调解的对象是财产利益关系，通常表现为法律制度，是法律对产权的确认和保障。同时，这种制度自身也是多层次性的，可以归结为对财产的基本制度的法律规定和对经济组织及运行过程中财产行使的法律规定这两个层次。产权制度的确立，对于经济社会生活的影响是全方位的，从这个意义上讲，产权制度往往比单纯的产权影响深远而且重要，可以说，前者是后者的基石。因此，微观层次的产权交易有赖于宏观层次的制度保障。

在市场经济条件下，要发挥产权制度激励市场主体参与市场经济的愿望，围绕产权须需做好两方面的工作，一是解决产权的合法性问题；二是解决产权进入市场时的风险问题。产权本身最大的功能就是确定产权归属和产权交易的合法性问题，而产权要能在市场中完成由资产向资本的转化，就必须依靠围绕产权制度的一系列社会和经济制度作保障。比如社会保障制度、住房保障制度、金融制度、就业制度、医疗保障制度、最低生活保障制度，等等。

现代产权制度的发展推动了市场经济的发展，而正是市场经济的发展催生了社会保障制度的出现，反过来，也正是社会保证制度的不断完善，为市场经济健康持续发展解决了后顾之忧。市场经济完全颠覆了在自然经济时代人们依靠家庭（或家族）来防范和抵减个人风险、自然风险、社会风险的模式。市场经济在以竞争提高经济整体效率的同时，一方面，市场竞争优胜劣汰的法则使不同社会群体的收入产生差别；另一方面，市场竞争的风险性使得部分群体失去自己的财产。如果没有社会保障制度作为辅助，市场经济将给社会发展带来许多不确定性，甚至会起到引发社会不稳定等负面作用。

试想一下，如果在城市里面没有廉租房制度、没有最低生活保障制度，金融机构对个人财产融资的积极性会有多大？另外，在现代社会里面，要使产权在市场经济条件下发挥作用，重要的一点就是让产权可以发挥融资的功能。产权不等于资本，产权要变成资本才能参与市场经济，要通过货币或者其他的方式来参与市场经济，因此，金融制度的配套也是很重要的。

## 产权制度决定经济绩效

制度究竟是什么？诺斯认为“制度是个社会的游戏规则，更规范地讲，它们是为人们的相互关系而人为设定的一些制约”。他将制度分为三种类型，即正式规则、非正式规则和这些规则的执行机制。正式规则又称正式制度，是指政府、国家或统治者等按照一定的目的和程序有意识创造的一系列的政治、经济规则及契约等法律法规，以及由这些规则构成的社会的等级结构，包括从宪法到成文法与普通法，再到明细的规则和个别契约等，它们共同构成人们行为的激励和约束。非正式规则是人们在长期实践中无意识形成的，具有持久的生命力，并构成世代相传的文化的一部分，包括价值信念、伦理规范、道德观念、风俗习惯及意识形态等因素。实施机制是为了确保上述规则得以执行的相关制度安排，它是制度安排中的关键一环。这三部分构成完整的制度内涵，是一个不可分割的整体。这里我们可以总结一下，制度最一般的含义是：要求大家共同遵守的办事规程或行动准则。许多情况下，制度也是某一领域的制度体系，如我们通常所说的政治制度、经济制度、法律制度和文化制度等。在这里我们把注意力集中到“经济制度”上。

经济制度是指国家的统治阶级为了反映在社会中占统治地位的生产关系的发展要求，建立、维护和发展有利于其政治统治的经济秩序，而确认或创设的各种有关经济问题的规则和措施的总称。一定社会的经济制度是由社会生产力发展的状况所决定的，由于经济制度就是生产关系，所以，生产力决定生产关系，有什么样的生产力，或者说生产力状况如何，就决定或要求有什么样的生产关系；同时，生产力的发展变化决定着生产关系的发展变化。另一方面，生产关系对于生产力也有反作用。经济制度构成一个社会的经济基础，它决定其政治制度和社会意识形态，并受到政治法律制度的保护。先进的社会经济制度，会推动生产力的发展和社会的进步；落后的社会经济制度，会阻碍生产力的发展和社会的进步。在不改变旧的经济制度，生产力就不能发展时，必然会爆发社会革命。社会革命的结果是推翻旧的经济制度，建立新的经济制度。随着经济制度的变革，政治、法律、文化、思想等属于上层建筑领域的东西也会发生变革。

经济制度如何促进经济增长？道格拉斯·诺斯和罗伯特·托马斯合著

的《西方世界的兴起》，试图引导人们从现代所有权体系与社会制度漫长的孕育过程中寻找经济增长的原因。他们得出了一个简明的结论，即有效的经济组织（产权）是经济增长的关键。“有效的经济组织可以在制度上做出安排和确立所有权以便造成一种激励，将个人的经济努力变成私人收益率和社会收益接近的活动”，这样就能够激励人们去从事那些有利于经济增长的活动。

按照诺斯的解释，产权制度的有效无效是由制度运行的结果即经济绩效来验证的。如果某种产权制度实行中导致了经济的衰退，那么这一产权制度显然是无效的，因为它非但没有引起激励经济增长的作用，反而导致了经济衰退。

那么制度是怎么样影响经济增长的呢？阿夫纳·格雷夫的观点很有启发性。他认为好的制度通过鼓励储蓄、人力资本和物质资本投资以及有用知识的开发、吸收等方式来促进生产。这些制度还可以维持一个可持续的人口增长率和有利于社会福利增进的和平环境，也有利于创造出可以联合动员社会资源和提供公共品供给的良好政策。总之，新制度经济学目前提供的有益的结论是：制度决定经济绩效，所以制度是重要的。

## 新民主主义革命成功的背后

### 土地产权私有化的四个阶段

1928年，中国共产党颁布《井冈山土地法》，标志土地革命斗争正式开始。从该法“没收一切土地归苏维埃政府所有”的规定可以看出，最初形成的产权制度是土地公有制。随后的革命实践证明这一制度的绩效并不理想，因此毛泽东曾这样指出它的错误：“（一）没收一切土地而不是没收地主土地；（二）土地所有权属政府而不是属农民，农民只有使用权；（三）禁止土地买卖。”1929年4月，中共颁布了《兴国土地法》，该法改“没收一切土地”为“没收公共土地及地主阶级土地”。同年7月，上杭闽西党的第一次代表大会通过的《土地问题决议案》进一步明确规定“自耕农的田地不没收”，“富农田地自食以外的多余部分，在贫农群众要求没收时应该没收”等。1930年，中共又提出了土地归农民所有。到1931年春，我党在土地政策上基本完成了从土地国有到土地农有的转变，进一步解决了土地所有权问题，规定土地一经分定即归农民私有。由此观之，中共在土地革命时期所界定的土地产权制度就是农民个体土地私有制。该制度明确规定土地的所有权、使用权、收益权和处分权归农民所有，任何人不得剥夺和侵犯，具有相当排他性，权属非常清晰；同时还规定土地可以自由转让、买卖、典当、继承、出租等，权能也非常完整。

1942年1月，中共中央政治局通过了《关于抗日根据地土地政策的决定》规定：扶助农民，减轻地主的封建剥削，实行减租减息，保证农民的人权、政权、地权、财权；在减租减息之后，实行交租交息；在适当地改善雇工生活条件下，奖励富农生产和联合富农，但对富农的租息也须照减。“双减双交”的土地制度本质上是地主土地所有制，但通过对其财产权利的权属给予一定程度限制，既不从根本上触动和否定地主阶级的既得利益，又能在一定程度上让利于农民阶级，从而达到最大限度调动各阶级力量联合抗日的积极性的目的。这一产权制度是特定历史背景下的产物，它的制定和实施是抗日战争取得最后胜利的充分保证。

1946年5月，国共内战一触即发，中共中央发布的《关于反奸清算与土地问题的指导》一改抗日战争时期“减租减息”的土地政策为“耕者有其田”的土地政策；1947年中共中央又制定了《中国土地法大纲》，规定在“废除封建性及半封建性剥削的土地制度，实行耕者有其田的土地制度”原则下，按人口平分土地。由此可见，解放战争时期的土地产权无论在所有权、使用权的归属问题上，还是在产权的权利束的外延和内涵上，都雷同于土地革命时期的土地产权制度。这种产权的形成是解放战争迅速取得胜利的重要原因。

建国初期产权完整清晰的个体农民土地制度。1949年政府公布《中华人民共和国土地改革法》，党开始了建国初的土地改革运动。通过这次土地革命，农民获得的土地产权具有一定程度的排他性和完备性。“虽然国家对农民土地产权的使用、收益和转让进行了一定程度的限制，国家的干预多是从宏观角度，一般不干预农业生产具体经营活动，并且严格依照法律和政策进行。”[1]因此，农民所获得的土地产权具有较强的排他性和完备性。农民不但拥有土地所有权和经营权，而且土地法还规定允许农民自由买卖和典租土地。加上在建国初期政府为了迅速恢复农业生产，对农民实施了“休养生息”政策，农民享有比较充分的土地收益权和经济剩余权；另外，地主和富农是封建土地所有制下的既得利益集团，土地改革时，由于形势和条件已发生重大变化，共产党对新解放区的地主和富农就采取了保护富农经济，仅没收地主的土地、耕畜、农具、多余粮食及多余房屋而其他财产不予没收的特殊的政策，在一些特殊地区甚至实行过和平赎买政策，这样做可以减弱地主和富农等旧制度的既得利益集团对土改的反抗，从而有利于稳定社会秩序，减少土改政策实施的阻力。因此，这种产权界定能最大限度地对农民产生激励作用，保证了制度的确定性和稳定性，对各种生产要素也起到了较好的优化配置作用。

## 土地私有化的制度经济学视角

解放初期的土地改革运动所形成的农村产权制度，虽然采用的是国家主导的自上而下的强制性制度变迁模式，但在特殊的历史背景下，这种模式也能保证产权制度经济绩效的最大化。由于整个新民主主义革命基本上都是以土地革命为中心，农民又是这次革命的主力军，对推翻地主阶级、官僚资产阶级和帝国主义，农民阶级肯定是有功之臣，同时在革命时期，许多老解放区的农民已真真切切获得了革命的胜利果实——土地，因此在新中国建立之初，政府继续作为土地产权的供给者，满足新解放区农民对土地的殷切期望和需求，无疑也是政府践行革命时期承诺的一种口惠实至的表现。这就是土地改革时期农村产权制度供给与需求能保持高度一致的根本原因。加之，“翻身当主人”的中国广大农民第一次拥有了私有产权，这就更进一步强化了农民个体土地产权制度的排他性和正面的利益预期，从而也就充分保证了这一产权制度良好的经济绩效。

可以肯定的是，土地改革形成的产权制度无疑是一种土地的农民私有制。但是，这次制度变迁是国家将农民剥夺地主产权的合法的群众运动合法化而直接分配土地产权的结果，不是产权市场长期自发交易的产物，也不是国家仅仅对产权交易施加某些限制的结晶，由此形成的个体私有产权中已经隐藏了后来公有化、集体化的种种可能因素。“由于国家和党的组织领导对突破无地少地农民在平分土地运动中不可避免的‘搭便车’行为具有决定性的作用，同时平分土地的结果又可以经过国家的认可而迅速完成合法化，因此领导了土地改革那样一场私有化运动的国家，就把自己的意志铸入了农民私有产权”[2]。国家既然可以剥夺地主的产权，当然也可以使用一样的方法剥夺农民的个体私有产权，“当国家的意志改变的时候，农民的私有制就必须改变”。到那时，农民是没有话语权的，这一结论在后来党对个体小农经济的社会主义改造和人民公社化运动的历史中已得到充分证明。

回头重新审视有效制度产生的根源，从长期来看，制度是人类社会内生的、社会博弈参与人之间策略互动从而最终自我实施的均衡结果。在制度形成过程中，没有经过长期协商或者博弈，注定了这种产权制度是不能长久和有生命力的，而这种制度注定对经济增长的激励也只是“昙花一现”。“在一个国家可以任意制定所有权和改变所有权合约而无须由与社会协商的环境里，即使全盘照搬一个最有效的产权制度，也无助于长期经济增长”[3]。

## 人民公社的产权制度迷局

在建国初期，国家终认为土地改革只解决了封建地主土地问题，还没有解决封建小农经济问题，这种经济不利于机械化和规模经济，效率低下，不利于为工业提供原料。1953年，国家正式确立“使生产资料的社会主义所有制成为我们国家和社会的唯一的经济基础”为目标的“过渡时期总路线”[4]。1955年，掀起“社会主义高潮”，迅速实现了对农业、手工业和资本主义工商业的“社会主义改造”。这样，中国效仿苏联的榜样，废除了市场制度，全面建立了苏联式的集中计划经济制度[5]。

于是，开始了农业合作化运动，通过组织互助组、低级社、高级社和人民公社几个阶段，农民个体经济终于被取消，土地、农具甚至包括房屋等生产或生活资料的财产权利完全收归国家或集体所有，农民的私有产权被废除，最终实现了我国农村土地“集体所有”的产权制度。

正如我们在前面分析通过政权革命让农民获得土地私有产权一样，通过国家意志实现的“集体经济”并不是基于合作的集体经济，而是国家控制土地所有权的一种“集体所有”形式，“集体”仅仅只是国家意志的贯彻者和执行者。正如周其仁所讲，“国家在这里已经不再作为一个外在的对所有权及其交易予以保护和仲裁的角色，它早已侵入并控制着农村的所有权”；“集体公有制既不是一种‘共有的、合作的私有产权’，也不是一种纯粹的国家所有权，它是由国家控制但由集体来承受其控制结果的一种农村社会主义制度安排”。

在这种产权制度下，一是公有产权主体不明确，不具有排他性，排斥他人使用稀有生产资料的成本高昂，结果必然上演“有利大家争，无利谁也不管”的“公地悲剧”；二是这种产权名义上归全体人民所有，但由于全体人民行使产权的成本和监督成本过高，产生机会主义行为就不可避免了，同时也造成实际所有者缺位；三是这种产权由于权能残缺，没有充分考虑到利益，不能形成激励机制；四是产权不能分割导致资源配置效率低下。

此时，公有产权已成为唯一的产权模式，农民只有名义上的生产资料，生产资料的个人私有制已完全被集体所有制所取代，国家主导的自上而下的强制性制度变迁已完全失去了农民的意识形态和传统习惯的关切，制度的供给与需求已严重脱节，产权的模糊必然导致激励机制严重不足和监督成本上升从而严重影响制度绩效。

## 家庭承包制的产权力量

### 艰难重建的历程

现在我们对农村改革记忆犹新的可能仍是上世纪70年代末80年代初的大规模农村家庭承包责任制的推行，因为从那个时段开始，中国农村经济开始出现突飞猛进的发展。直到今天，家庭承包责任制在中国农村经济中的地位仍居于不可撼动的基础地位。我们可以这样总结，家庭承包责任制的推行是对农村微观经济基础的一次重大改革，从其发挥的对推动经济发展的绩效来讲，这种制度性变革是非常成功，在中国是极具生命力的。为什么这种不完全的私有化制度改革会比完全的私有化（指中国革命阶段的土地私有化运动）的产权制度安排产生出更为长期的经济激励效应？下面我们通过杜润生先生对整个改革前期过程的论述，可以看到有效制度形成的过程。

链接：杜润生谈中国农村改革的历程[6]

包产到户这件事，在中国农村已经出现过四次。第一次是1957年左右，那时有的地方农民办高级社，宣布生产资料公有化，但不合伙，不搞统一经营，上缴一定数量产品，多余的归自己，叫包产到户，还有合起来以后又拉牛退社的。后来被判定为农民的一种自发倾向，是富裕中农对社会主义的动摇。于是，开展两条道路的大辩论，把他们“辩”回去了。第二次是在三年困难时期，那时农民又有自发搞包产到户的。有些领导同志发现，要想把生产搞上去，用“吃大锅饭”、“大呼隆”的办法确实不行。开始是中南局的同志到广西龙胜调查，在那个地方发现包产到户，分析了包产到户存在的各种形式和如何区别其性质的“四条”原则，即生产计划、生产资料、劳动力和分配等“四统一”。他们将情况报告了毛主席，毛主席亲自做了批示，说他们所做的分析是马克思主义的，分析之后所提出的意见也是马克思主义的。在此前后，安徽省试验的“包产到组、责任到人”的责任田，这件事得到了中央农村工作部领导邓子恢同志的支持，他认为责任田可以作为一种形式来利用。这一次和上一次不一样，群众的行动得到了更多的领导包括几位中央领导同志的支持。但是，1962年9月间召开的党的八届十中全会，把包产到户当成单干风批回去了。第三次是1964年，规模不大，但是很多地方都有，像四川、贵州、甘肃这些贫困地区，老百姓生活困难，没有办法了，又自发搞包产到户。第四次又是安徽、四川一些县带头“包产到组、到户”，由“包产”到“包干”。

实际上，包产到户政策一出台，就等于直接动摇人民公社，形成对原有制度环境的冲击，因而一定会遭到极大的阻力。冲击力越大，阻力越大。在这一历史过程中，我们可以看清楚制度的力量，旧制度对于新改革的推行制造了极大的阻力。看看这个循序渐进的过程吧。

一是先不提放弃人民公社，只是在人民公社内部实行生产责任制，冠名为“联产承包责任制”。与历史上五六十年代就有的包工、包产、大包工、小包工、包工到队、到组、到人那一套做法相比，包产到户是对以往生产责任制的继承、完善。这样一来，首先使原来许多反对者能够接受这个变革。

二是责任制里又有多种形式，不是一刀切，可以给群众多种选择机会。包工、包产、包干，到组、到劳、到户。明确不以自己的主观偏爱强加给群众，尊重群众选择。而群众是选择“交够国家的，留足集体的，剩下的都是自己的”这种大包干形式的。包产到户本是群众创造出来的，十一届三中全会前的20多年已经三起三落，约有20%社队自发试行过。提出任由群众选择这个口号，对于减少阻力，对于检验自身主张的可行性，都有好处。

三是从大家最容易赞成的地方开始，一步一步推行。当时是“左”祸长期横行全国才扭转不久，哪个省的一把手敢夸口说自己省里没有温饱问题要解决的呢？于是，听了杜老的发言，相持不下的一把手们，对包产到户问题采取了妥协折中的态度，很快通过了代拟稿。反映在最后大会写出的由中央第75号文件印发的《纪要》上就是：在边远山区和贫困落后地区，群众“要求包产到户的，应当支持群众的要求，可以包产到户，也可以包干到户”。还提出：非边远山区、贫困落后地区“已经实行包产到户的，如果群众不要求改变，就应当允许继续实行”。这就改变了此前中央文件规定的“两个不许”（不许包产到户，不许分田单干），也比随后中央文件规定的“一个不许”（不许分田单干）“一个不要”（不要包产到户）大大前进了一步。有了这个在毛泽东时代是一个禁区的农村改革切入点的重大突破，便为深化农村经济体制改革铺平了道路，打下了坚实基础。

1981年冬，中央召开全国农村工作会议。会后不久，赵紫阳到东北考察，写回一封信，建议：不要再强调不同地区不同形式了，群众自愿选择，选上啥就算啥，领导不要硬堵了。我们就根据这个精神起草了1982年中央1号文件即《全国农村工作会议纪要》，正式肯定土地的家庭经营制度，包产到户从此成为中央决策。

## 博弈的制度结果

从上面的描述我们可以看出，20世纪70年代末的中国农村改革首先是50年代末到70年代末那些短暂尝试的大规模实施。如周其仁所讲，“原有体制通过国家主导的政治运动形成和改变所有权的逻辑，终于让位给一个新的逻辑，即经过国家与农民之间的交易，以及农民之间的交易来形成新的有效产权”，“一个过重形式剩余权复合而成的产权制度，经过多步渐进的交易而产生”。

从制度演进的角度来分析，家庭承包责任制是农民诱致性制度变迁和政府强制性制度变迁共同作用的结果，而这种绩优的制度产生的根源在于其是农民与国家博弈的结果，用现代制度经济学的观点来看，这种博弈而来的制度更具生命力。没有中央政府对农业经济体制进行改革的导向，凤阳农民的大包干肯定不能持久，更不可能迅速在全国推广。诱致性制度变迁是指一群（个）人在响应由制度不均衡引致的获利机会时所进行的自发性变迁。在人民公社体制下，由于产权缺陷和政府对农业剩余的剥夺，农民获利最少，因此农民最有压力和动力要求变革旧的产权制度以期获取制度变迁所能带来的潜在利益，安徽、四川等地区的农民率先自发地践行了这一制度。虽然在实践过程中曾遇到包括国家以政治意识形态为标准进行打压的阻碍，但这一制度的创立，本身并没有使得政府和集体在经济利益方面受到什么损害。相反，新的产权制度通过建立承包户与集体之间的契约，使土地在保证集体经济的前提下，剩余索取权机制使新产权制度的经济绩效得到最大限度的发挥，解决了在人民公社制度下监督和激励无法解决的外部性问题，同时使得搭便车行为无法实现，国家和集体还能因此获得更多的经济利益。所以，这种制度变迁，无论是出于新产权制度能形成较好激励机制或减少监督成本的原因，还是出于制度变革的路径依赖的原因，国家都会将这种民间的自发行为转化为政府的自觉行为，变被动为主动，对制度变迁进行导向，对制度变革的成果逐渐以法律或法规的形式予以确认。

可以总结，20世纪70年代末开展的农村经济政策调整，已演化为一场难以逆转的产权改革。这既不是单方面因为国家决策的英明远见，也不是单方面因为农民和社区经营的自发努力，而是国家和农民双方围绕有效产权制度的重建。

### 见证制度的力量

毋庸置疑，家庭联产责任制度的变革在很大程度上促进了我国农村生产力水平的提高。在短短几年，这种产权制度由点到面、由秘密到公开，受到农民的普遍欢迎，获得了强大的生命力，很快在全国得到普及，它极大地解放和发展了生产力，使被压抑20多年之久的生产潜力得到最大限度的释放和发挥，一下子解决了10多亿人口的吃饭问题，可见，家庭联产承包责任制产权制度的绩效是非常显著的，这不能不说它是一个奇迹。

1978～1984年，全国粮食产出从3.05亿吨增加到4.07亿吨，1978～1984年的总产出增长达42.23%，农业产出指数从210.2增加到328.5。据林毅夫通过生产函数测算，制度变更对这一增长的贡献率约为46.89%。

创造人类奇迹的农地制度变迁对中国农业和国民经济发展的意义怎样估计也不过分。这一制度安排的绩效主要源于微观主体深刻的变革，制度变迁产生的激励，不仅大大激发了农户作为经济当事人的效益预期，而且还确保了劳动者可以获得其所有的土地经营、劳动力、资本投入产生的经济剩余和报酬。此外，新的制度安排，还优化配置了以农地、农村劳动力和农用资金等生产要素，提高了资源的使用效率。农地承包到户后，农民拥有相对独立的经营自主权和产品处置权，尽可能合理配置土地、劳动和资本要素，实现生产要素效益最大化成为农户的首要目标。从实践情况来看，新制度实施后，农村耕地的复种指数明显提高，耕地使用结构发生了显著变化，农业的区域化布局日益合理。劳动力在农业经营中的效率也有很大改善，一是劳动力的技能有显著提高，二是劳动力就业也开始遵循比较优势的原则，部分继续参与农业生产以外，相当部分富余劳动力或进城里务工，或选择去乡镇企业就业，或从事第三产业以及农业服务部门，总之，劳动力要素流动性大大增强。从资金要素配置情况来看，20多年农业资金的运行情况表明，农业资金总量不断增加，除了政府不断加大对农村的财政、信贷资金投入以外，由于农户经营者成为农业生产经营的主体，因此，来自于农户的资金愈来愈成为农业资金最重要的来源之一，资金要素市场不断发育，资金配置出现非农化趋向，因产业、行业、城乡间资金投入产出效率的差异，资金要素也从种植业流向非种植业、从农业流向非农产业，农村的基础设施不断改善，农业机械化水平也有一定程度提高。从农业产业内部结构来看，一是农村各业增加值构成有一定改善，从1997年农村三次产业增加值构成分别为48.5%、44.5%、7.0%，2004年分别为30.1%、53.2%、16.7%；二是农村中三次产业劳动力构成情况，1990年三次产业劳动力构成分别为79.4%、14.1%、6.5%， 2004年分别为61.6%、

17.7%、20.7%[7]；三是农业比重下降，牧业和渔业比重上升，1978～2004年农业比重由 80 %下降到 50.6 %，年均下降 1. 26 %，牧业由 15 %上升为 28.1 %，年均增长0.87 %，渔业由1. 6 %上升为 9.5 %，年均增长 0. 39 %。农民的收入在新制度实施后也在大幅度的提升。1978年我国农村人均纯收入为82元，1984年增长到188元，增幅达158%，1997年为1416元，2001年为1274元，2005年为1900元。

## 转型时期的通变

随着中国工业化、城市化和现代化的不断推进，昔日农村产权激励机制形成的环境和条件已发生巨大变化。一是城乡差距拉大引致城乡贫富马太效应，二是工业制成品的收入弹性比农产品的弹性大，导致农产品价格上涨幅度小于工业制成品，三是工业化和城市化对劳动投入的大量需求，四是政府对农村价格体系的管制，五是农资成本不断拉高，农业持续投入的存量和增量日益减少，农村经济活动的环境恶化，六是农业技术的相对滞后，七是农村产品市场和农业要素市场残缺不全，八是二元产权下，国有产权侵蚀集体产权导致农民利益受损，九是农民的生存需求越来越让位于发展需求的客观存在，十是人口增长导致人地矛盾日益突出。如此等等。以上多种因素，有的是产权缺陷导致的，有的是产业政策或其他因素导致的，也有客观因素，但产权缺陷是最主要的因素。

总之，在上述因素共同作用下，农业经济投入的比较劣势已非常明显，土地资源的排他性越来越弱，外部性越来越突出，农业经济活动已不能产生正的利益预期，农民“跳槽”、“转行”现象愈来愈普遍，因此，在现行的产权安排下，产权激励效应同改革开放初期相比已不可同日而语了。由于这种状况是联产承包责任制产权缺陷所造成的，所以，要想改变产权的经济绩效，进一步完善现行农村产权制度，对农村产权制度进行重新安排就很有必要了。

## 各种尝试逐步显现

当前我国农村产权制度演化先后形成了南海模式、嘉兴模式、芜湖模式、湖州模式和温州模式等，概括起来各种演化模式基本上坚持了以农村产权变革、规模化经营提高经济效益、沿着农村经济市场化和坚持综合配套改革以及农村资产资本化的政策取向。

### → 南海模式[8]

上个世纪90年代初，广东南海农民到非农产业就业的比重大为增加，出现大量弃耕和抛荒现象，当地农民和外地企业纷纷办厂，土地需求量大大增加。1992年春，南海罗村镇下柏管理区经反复研究，最终将辖区农民的土地集中起来，划分为农业保护区和工业开发区及群众商住区，依此实施一定规划和经营。同时将集体土地和农民承包经营权折价入股到在农民土地上兴办的企业，农民参与按股分红，农地转成非农用地的级差收益按照51∶49的比例在集体和农民之间分成。企业租用农民的土地，一亩地每年几千元，且预交三到五年，企业一次性交给集体的土地租金就相当于目前国家的征地补偿费。

南海市政府还把土地股份制规范为以下两条：一是进行“三区”规划，把土地按功能划为农田保护区、经济发展区和商住区，以保护农田和实施城镇规划；二是将集体财产、土地和农民的土地承包权折价入股，在股权设置、股红分配和股权管理上制定出章程，用以约束村股份组织的经营活动。同时，南海还宣布土地股权的分配是终身的，并可继承。

南海模式给我们的启示是，推进“三区”规划，可以实现农村集体建设用地的流转，同时创新性地将集体财产作为资本参与了市场资源配置，有效解决了农民收入问题。南海模式的一大突破在于，集体建设用地在不征用的情况下，可以通过租用的方式进入市场，打破了建设用地使用必须转为国有的法律刚性规定，土地收益归向了土地所有权人。其结果是市场经济突破了城市的界限，完成了向农村的延伸，社会经济发展均取得了较大的成效。

### → 嘉兴模式[9]

嘉兴模式从本质上看并不是对传统征地制度的颠覆。传统的征地制度的弊端主要在于征地范围广、补偿标准低和失地农民没有保障等。嘉兴模式主要是针对第三个弊端，所以又被称为“土地换社保”模式。嘉兴模式可以简单地概括为“三统”、“一分别”。“三统”即为政府统一实施征地，统一补偿政策，统一办理失地人员农转非和养老保险；“一分别”即为不同年龄段的安置对象分别进行安置。政府不再向村集体支付人员安置费，而是将所有安置费用转入到劳动社保部门的社保专户，直接落实到安置人员个人账户上，同时出台有关政策按照不同年龄段对被征地人员分别进行安置。对征地时达到退休年龄的人员（男性60岁，女性50岁）为其一次性交纳15年的统筹费，与劳动部门签订协议后次年发放养老金。对征地时属于劳动年龄段的人员，按照当地测算标准一次性交纳基本生活保障费用，为其建立个人账户。在其未就业时，可以发放不超过两年的生活补助费，补助期满仍未就业并符合城市居民最低生活保障的纳入城市低保，就业后参加职工基本养老保险，其个人账户储存额按照职工基本养老保险的政策规定进行衔接和计算。

这种模式的优势在于将失地农民纳入到统一的城乡社会保障体系，从根本上解决了失地农民的安置问题。但分析发现，这种模式并没有从根本上解决土地的级差收益由政府垄断的问题，农民并没有以土地权利参与工业化从而获得致富的机会，农民的土地财产权益依然被剥夺。这种模式的特点只是政府强制将安置费用于被征地农民的社会保障。从本质上看，农民并没有因此而多获任何利益，农民只是用自己的安置补助费参加社保。因此，这种模式本质上仍是传统的征地模式。

## → 芜湖模式[10]

芜湖模式的核心是土地所有权不发生变化，仍然保留集体所有的性质。其基本做法是：在符合两个规划（土地利用总体规划和集镇建设规划）的前提下，用地者可以直接同土地承包者洽谈流转集体建设用地。在充分尊重农民自主权的基础上，集体建设用地可以通过转让、租赁、作价入股、联营联建、抵押等形式流转进入城市土地市场，在使用权流转期限结束后，土地仍然归农民集体所有。土地流转收益在县、乡、行政村之间按1：4：5的比例进行分配。

以集体建设用地流转为特征的芜湖模式从根本上保障了农民的土地财产权，从而使农民能够直接享有城市化进程中的土地增值收益，这是其进步与创新之处，这一点和南海模式有共同之处。但笔者认为，这种改革不够彻底，只允许集体建设用地可以流转入市的这一模式忽略了征地过程主要是集体农用地转变为国有土地即“非农化”的过程中从数量上看农地占主体的这一事实。从这一角度看，单纯的进行集体建设用地流转改革并不能解决征地中出现的问题。因此，这一模式依然没有彻底的保障被征地农民的土地财产权益。

如前所述，由于这些模式本身固有的缺陷使得它们并不是真正意义上的农村产权制度改革，而只是局部的探索。尽管如此，我们依然认为以上这些模式具有很大的理论与实践意义，特别是农村集体土地进入非农土地市场的实践突破了国家对农用地转为非农用地的市场垄断，打破了征地是农用地转用唯一途径的限制。这些都为进一步深化征地制度改革提供了较好的经验借鉴，为最终形成与国家征地制度并行的市场化农地转用机制进行了有益的探索。

## → 湖州模式

为进一步促进农业增效和农民增收，湖州市于2001年出台《湖州市区农村农民房屋抵押登记办法》。根据这一办法，该市农民可以以具有合法产权的房屋（连同占地范围内的土地）作抵押，向农村信用社或开展农村信贷业务的商业银行申请贷款，筹集资金用以农业产业结构调整、农业产业化经营和发展个体私营经济。按办法规定，湖州市农民最高可申请房屋（连同土地）评估价70%的贷款。

根据该办法，以农村房屋抵押贷款的农民须凭集体土地使用权证办理房产所有权证，再进行抵押贷款，并向房地产管理部门办理抵押登记。同时，由湖州市国土资源局对设定抵押的房屋的集体土地使用权证作地上建筑物已抵押的记载。未取得集体土地使用权证或土地权属有争议的、依法已被查封及已经公告被列入征地拆迁范围内的房屋不得设定抵押。

农村集体土地上农民房屋权利人(申请人)申请房屋抵押登记时，除了向房地产管理部门交验抵押登记申请书、抵押合同、《集体土地使用权证》、《房屋所有权证》或《房屋共有权证》以及其他共有人同意抵押的书面证明外，还必须交验集体土地所有人出具的同意抵押的证明。

湖州市的此项政策出台后，该市农民房屋抵押数量大大增加，以私有房屋抵押贷款成为该市农民生产、经营融资的主要渠道。

### → 温州模式

这是改革开放以来兴起的一种主要的工业化和城市化模式。这种模式的主要特点是：民营企业开始采取家庭经营模式，最后过渡到公司制；家长式管理模式逐渐被唯才是举的管理模式所取代；建立科技创新体制；网络与品牌结合发展的营销模式[11]。这是一种比较典型的在农村人均耕地少、农业发展条件差、交通不便、远离大中工业城市和市场中心、始终得不到国家“厚爱”、农村集体经济薄弱、受传统体制束缚少的地区发展起来的农民“离土又离乡”的工业化和城市化模式，于是，一时间，温州模式还因为有较高的民营化程度而排他性地被授予市场经济的桂冠。在工业化取得重大进展的同时，近来，温州农业又有一新生事物——“三位一体”的农协诞生了，即把农民专业合作、供销合作、信用合作等组织联合在一起，组建合作协会，并以此为平台支撑，整合各种资源，充分发挥其综合服务功能，这种被业界称为“三位一体”的新型农村经济模式[12]，更是温州瑞安人在新时期对社会主义新农村建设进行突破和提升的力作，被业界广泛看好。

## 几点评价

基于新形势下对农村产权制度改革的实践，各地的做法既有积极的作用，也有片面之处。先来看看积极的方面。

首先，坚持了以变革农村产权为突破口的调整方向。无论是早期的，还是近期的，几乎所有的探索模式都不同程度地对产权制度进行了调整，大都对农村产权权属的可分割性进行新的安排，有的模式还对农村产权的权属外延和内涵进行了一定拓展，力图形成一种新的正向激励机制，达到生产要素重新组合、配置从而提高资源效率的目的，或是增强产权的确定性，从而形成产权制度的稳定预期达到减少交易成本的目的。

其次，坚持了以规模化经营提高经济效益的方向。几乎所有的模式都坚定不移地选择了产业化和规模化经营模式。无论是重视“农外”工业化和城市化，还是重视“农内”的农业现代化，都以调整产业结构为突破口，都试图在本区域内把某些产业做大做强，培育龙头企业，靠龙头企业的带动作用和辐射作用，既有解决农村剩余劳动力就业问题、提高农民的收入的目的，又有实现低成本工业化、提高本地区经济地位和经济竞争力的目的。

第三，坚持了农村经济市场化方向。所有模式都对农村经济市场化进行了有益的探索，有些模式在这方面还相当成功。如温州模式就是试图在农村建立起对生要素重新组合和经济资源优化配置发挥主导作用的市场机制，无论是在吸引资金，寻求金融支持方面，还是在引进产业，培育新的微观市场主体方面，都力图把更多的生产要素纳入市场化轨道，力图利用市场的价格机制、供求机制、竞争机制和风险机制对资源进行调节，打造市场软硬件环境，建立各类要素市场、产品市场和市场化服务体系，取得了比较明显的成效。

第四，坚持了综合配套改革的方向。由于历史上我国实行的是计划经济模式，在这种模式下形成的人事用工制度、户籍管理制度、社会保障制度、金融财税制度、社会经济结构、产业政策，等等，在今天我国正向市场经济过渡的转型时期，旧的制度虽然已不适应新经济发展形势的需求，需要对这些体制、制度、法律法规等进行修正，甚至废除，但这些工作也不可能在一夜之间就完成，所以可以肯定的说，农村产权制度变革绝不可能是一项单打独斗的制度变迁工作，它涉及到多个领域配套改革措施的相互配合，否则推动农村产权制度变革的效果都将大打折扣。在实践中，很多模式在这方面都做了有益探索。

第五，坚持了农村资产资本化的方向。大多数模式在探索农村资产资本化方面已取得相当进展，尤其是广东南海新模式。农民让渡部分对土地等资产的产权，如承包经营权，采取合作化、公司制、股份制等多种形式，把农民从土地上解放出来，即南海模式说的“洗脚上田”，农民不种田了。一方面，农民因为土地资产变成能够“生钱”的资本从而增加了收入；另一方面农民的劳动力同其他生产要素重新组合，发挥出较大的比较优势，同时腾出的土地也开始了规模化经营，经济效益提高了，地方工业化水平提高了，经济实力增强了。

我们再来看看存在的一些问题。

首先，并没有形成与市场经济相适应的农村产权制度。几乎所有的模式虽然在推动本区域工业化城市方面所做出的产权安排取得了很大成绩，如温州模式，利用股份制和公司加强对原来的家族式企业进行改造，其产权安排已非常清晰明确，绩效也非常显著，但在对农村产权安排方面，进展不大，对农村的主要生产要素如耕地、房产、水源、林地等的产权始终没有较大的突破，仍然仅在权属的可分割性方面有所表现，在产权主体安排方面不敢越雷池半步，这既体了制度变迁的路径依赖性，又反映了意识形态在制度变迁方面的制约作用；在土地二元产权结构改革方面成效也不是很好，集体所有土地仍然被“矮化”，不能享有同地同权同价的公平待遇，这也反映出既得利益者对新制度的抵制作用，因此城乡仍然被二元体制高墙隔离起来。可以说，各地的实践基本上都在某个“点”上进行了有益探索，但是对于如何“系统建立产权制度”并无建树。

其次，自上而下的变革方式单一。就农村产权制度变革的方式来看，几乎所有的变迁模式都选择自上而下依靠政府推动的强制性制度变迁方式，政府在这一过程中起非常关键的作用。每一种模式，从制度的设计到实施，都离不开政府，自下而上直接反映农民意愿的比较少，只有初期的温州模式基本坚持了两种方式相结合的方式。其中原因既与党和国家政策有关，也与地方政绩考核标准有关，同时也与中国经济发展模式相关。

第三，政府“经济人”身份未曾削弱。在所有模式中，地方政府都没有完全避开“经济人”的角色，地方政府既充当了裁判的角色，又担当了运动员的角色，通过多渠道参与在农村产权制度变革过程中的经济活动，就连相比之下放权比较多的南海模式，政府仍然对农地转非农地所获得的租金进行集中“管理”，对土地的批租是地方政府参与经济活动的方式，当然还有一些地方政府甚至直接参股一些公司和参与一些公司的行政事务等。

第四，统一的生产要素市场尚未建立。到目前为止，所有探索模式都还没有建立起农村统一的土地市场、房屋市场、劳动力市场和农用技术市场，农村土地和房屋仍然不可能通过市场进行交易，没有价格可言，价值不能得到发现；对农村劳动力供需结构仍然只能是感性认识，没有相关的市场机制给予准确的信息反馈；农村技术市场建立仍然非常原始落后，主要靠政府的农技部门进行行政推广，在大多数地区都没有引进市场调节机制，农民不能通过市场的信息反馈准确地调整产业结构和产品数量；农产品市场建立也跟不上形势发展的需要，农村的商品化程度仍然非常低下，就是经济发展水平较的温州地区都还是如此，城市化和工业化远远超出农业现代化了。

第五，统一的农村金融体系尚未建立。正如没有建立农村要素市场一样，所有模式都没有解决农村金融体系问题，即使在工业化程度较高的沿海模式中，金融体系仍然是很大的缺陷。银行、保险、证券等金融部门都没有把农村作为主要的服务对象，农村的生产要素和经济活动得不到保险，农村经济活动融资非常困难，作为资本化的高级阶段证券化虽有发展，但成效也不很显著，而且都只停留在较原始的阶段，农业获得的金融支持非常有限。

第六，重工业化和城市化，轻农业现代化。所有的模式在探索过程中都无一例外地采取了重工业化城市化而轻农业现代化的举措。无论是早期的模式，还是新近兴起的模式，都力图通过工业化城市化，扩大农民就业，吸引农民进城，把农民转变成市民，对于如何实现农业现代化，如何克服青壮年农民离家老年农民留守农村务农所带来的“农内”问题，地方政府考虑得相对较少，而且大部分样板工程都不约而同地选择了离中心城市比较近、基础发育较好的城郊地区，偏远山区如何发展的问题、如何解决农业长效发展问题，所有模式在实践中都没有得到正面回答。

第七，各种探索模式普适性较差。每一种探索模式都是在当地政府根据各个地方经济特点、经济水平、工农基础发育情况，在国家的大政策背景下设计的特殊模式，缺乏普遍的适用性，有些模式只适用于本地经济发展需要，对推动本地区经济发展起了一定作用，不具备普适和推广意义。某个模式一旦离开这个地区搬到其他地区，就失去灵光了，这也充分说明，所有模式都还没有从根本上解决问题，没有找到问题的症结所在。

## 重点领域与关键环节的拷问

罗纳尔德·H.科斯在《社会成本问题》给出了一个经典案例：养牛的牧民和种植谷物的农夫毗邻而居，假定牛群规模的扩大将增加农夫谷物的损失，那么，谁该承担这种损失呢？按照新古典经济学的范式，固然应对该养牛者罚款或征收“庇古税”。对这一问题科斯却另有答案。他认为，当交易成本为零时，土地产权的界定只要是明确的，实现社会价值最大化目标与产权界定给牧民还是农夫没有关系；但在交易成本大于零的现实世界里，“一旦考虑到进行市场交易的成本……合法权利的初始界定会对经济制度运行的效率产生影响”[13]。由此可见，明确的产权界定是制度绩效最大化的前提条件。厉以宁说，明晰完整的产权界定的标准一是排他性（exclusiveness），即产权不因强权侵犯而丧失，二是产权转让（包括买卖、抵押、处置等）自由。实践证明，土地制度绩效的发挥度也首先取决于土地产权界定是否明晰与完整。

从经济的实施来概括，市场的深层构造包括两个主要方面。首先是社会经济的单元利益独立化为明确所有权，这是社会分工的发展和各种依附性社会关系解体的共同结晶。独立的经济人格构成商品交换普遍化的原动力，而只有受到法律保护的排他性所有权体系的建立，才能迫使全社会所有经济单元无一例外地通过平等竞争来谋得自己的利益，只有安分地经过平等的交易来完成他们之间的交往。明确而独立的所有权是市场机制最基本的构造。然而现行农村产权制度却存在着不清晰的所有权、不完整的经营权、不顺畅的流转权、不规范的收益权以及滞后的农村社保体系、落后的农村金融体系等问题。

### 不清晰的所有权制度

我国《宪法》中明文规定农村土地归集体组织所有，但在现实生活中，农村集体土地所有权的主体界定在很大程度上处于混乱与虚化的状态之中。一方面国家通过各种形式掌握了相当程度的农村土地产权；另一方面即使农村集体组织享有的土地产权，也缺乏真正明确的组织载体。根据农业部固定观察点[14]1997年调查表明，农村土地所有权归行政村占有的占被调查数的39.6%，归村民小组占有的占44.9%，行政村与村民小组共有的占14.7%，其他所有的占0.8%。1985年我国《民法通则》中规定农村土地所有权归属行政村，而1998年的《土地管理法》中却规定农村土地所有权属于集体合作经济组织或村民委员会，这样土地的所有权同属于几个性质不同的主体，行政组织与经济组织同为土地所有权主体，在实践中经常会导致土地所有权益关系的纠纷。集体土地所有权主体的多样化与界定的模糊造成了实质上土地所有权主体的虚置。同时由于我国乡镇及行政村组织与各级地方性合作经济组织差异极大，组织形式纷繁复杂，也导致了农村土地所有权主体的混乱与不严密。另外，相关土地法规只规定了土地所有权的归属，而对土地所有权的内涵、地位、界限、法律形式、实现方式、财产地位以及其职能范围、行为方式等，都没有明确的规范，这样不可避免地导致土地所有权在现实生活中的不规范运作，从而引发一系列不利于土地资源有效配置的负面效益。

总之，虽然我国《宪法》规定农村土地属于农民集体所有，但是这种所有权是很不完整的，其中最具有实质意义的处分权无法行使。因此农民、集体、国家都无法成为农村土地的真正所有者，由此导致的农村土地所有权主体的"缺位"，进而引发了很多"公地悲剧"。

## 不完整的经营权制度

完整的土地经营权应该包括土地使用权、自主决策权、自主经营权、收益占有权、成果处分权、产权继承权，但在实际土地生产经营中，这些本来应该属于农民家庭的正当权益受到来自国家、集体等多方面的不合理的侵蚀，农民应有的经营权的时效性和完整性得不到制度保障。同时土地使用权主体过于细小化、分散化，比如我国目前农村土地经营主体总量达1.7亿个之多，而其经营的土地规模平均只有0.5公顷[15]，这就极大地限制了土地经营主体组织程度的提高。近年来随着改革的深化，农民的土地经营权不断充实，但从根本上讲，土地经营权目前主要作为一种政策规定在运行，而不是作为一种法律手段和制度规范来运作，其稳定的基础来自于并不稳定政策规定。这样一种状况使得土地经营权不能真正法律化和制度化，从而导致农民对国家土地政策的时效性把握不定，难以建立与健全土地经营稳定持久的利益预期，各种短期行为的频繁发生也就在所难免了。从现实层面看，1978年以来土地的频繁无序调整就是农民家庭经营权主体权益受损的具体表现。土地调整产生于农村土地集体所有、家庭承包经营制度的内在规定，因为既然土地集体所有，就决定了集体社区范围内的人人有份，而家庭承包经营经常处于调整变化状态之中，农民家庭应有的权益经常受到干扰或侵蚀。无论从哪个角度讲，频繁的土地调整，对农民家庭的经营预期，对土地资源的利用保护以及土地的长期投入都是一种损害。杨学成等2000年对山东、江苏、江西、河南四省的实地调查表明，1978年以来，89.6%的村庄进行过数次土地调整，平均次数达到3~9次，个别村甚至一年一调[16]。而近年来由于城市化进程的推进、土地征用制度的实施，不仅使农民土地权益大量流失，而且使得相当数量的失地农民成为了“三无”游民，之所以如此，根源就在于农民本身缺乏维护自身权益的产权基础与组织保障，特别是农民土地产权的残缺，导致了农民无法也无力有效地保护自己应有的土地产权利益。

### 不顺畅的流转制度

就我国而言，未能真正按照市场效益原则进行农村土地的流转不能不说是农村土地制度设计的一大缺陷。任何稀缺资源，只有按照市场效益原则进行配置，才能充分发挥其应有的价值。流转是一切稀缺资源优化配置的主要途径。目前现行的土地两权适度分离、家庭承包经营的制度模式，虽然消除了土地收益分配的平均主义，却又导致了土地使用权的平均化和细小化。据农村社会经济调查固定观测点统计，1986年全国280个村、2.7万个样本农户中，户均承包耕地9.2亩，分成8.99块，块均面积仅为1.02亩，到2000年，全国农村户均经营的土地面积降到了8.33亩，分成9.5块，块均仅为0.87亩[17]。这种状况严重阻碍了土地的适度流转与合理集中，而且现存的土地制度除了国家征用外，基本排除了集体所有形态的土地流转，而农民经营权形态的土地只能通过农民的相互转包与集体的调整来进行流动，这样也排除了土地的流动属性与引入市场机制的可能性。而产权经济学指出，任何交易都是以产权明晰为前提的，既然用于交易的农村土地产权归属界定不清，产权主体无法确定，那么也就不可能出现真正意义上的规范的土地交易市场。同时由于农民之间的转包与集体调整带有较大的自发性、盲目性与随意性，因此在现有的土地制度下，农村土地市场仍然是一个封闭的市场，土地还仅仅只是一种资源、生产要素，而不是一种商品、资本。虽然近年来土地流转逐渐被人们所接受，并得到了一定的发展，但是从根本上讲，法律和意识的制约限制了土地实现真正的自由流转，存在着土地流转的非市场性机制基础、土地流转的内容不完全、土地流转的无偿性、土地流转的不稳定性、土地流转不能体现配置效率等等问题，还难以建立起有效的土地流转与集中机制，无法培育出适度规模的经营主体，从而妨碍了土地及其他要素的优化组合。

另一方面，虽然农村房屋的产权主体明确，但是由于农村房屋大都建立在宅基地之上，在中国城乡二元分割的格局下，农民并未像城市居民那样享受到社会基本生活保障福利，土地对农民而言，仍然是我国大多数农民赖以生存的主要生产资料，因此，在房屋的流转方面也受到制约。

### 不规范的收益权制度

土地收益分配制度作为农村土地制度的主要实现机制，其运行格局的合理与否，直接影响与决定着农村土地制度的运行效率。就我国目前的情况而言，土地收益分配制度处于一种不稳定的、不规范的发展态势中。当前农民抱怨较多的是土地收益分配上的模糊性和不合理性。“交足国家的、留够集体的、余下的是自己的”观点，作为土地收益分配指导思想是正确的，但是作为农村土地收益分配的原则与实际执行标准，可能有问题。因为它本身是一个十分模糊、笼统的概念，其内涵与外延有很大的伸缩性与不确定性，在实施过程中难以把握，而且往往导致实际土地收益分配中的利益冲突与摩擦。具体来说表现在以下一些方面，国家为了从农业中获得稳定的收益，往往采取行政手段强制性的参与农村土地收益的分配，结果是在保障国家宏观利益的同时，却很大程度上侵犯了农民的切身利益，而作为土地所有权名义主体的集体组织为了自身的利益，更多地通过名目繁多的集资、摊派、提留等形式瓜分农民正当的土地收益，而作为农村土地经营主体的农民，在生产过程结束后却不能获取相应的土地收益，导致农民生产积极性下降。由于土地收益分配制度改革迟缓，带来的土地收益分配工具的残缺、分配机制的不健全等诸多问题，最终将导致农民与国家、集体之间的利益冲突，严重阻碍了农村土地制度的正常运行，直接后果就是农民收入水平的持续波动与低迷。虽然开始于2003年的以“多予少取放活”为中心内容的农村税费制度改革在很大程度上还原和保障了农民的正当权益，但是在农村土地收益制度创新与规范层面还远远没有达到应有的广度和深度。

并且，在一套完整系统的产权制度模式下，收益权并不仅仅表现为因为使用土地或者房屋而得到的“利益”，收益权更多地应表现为获得剥离资产物质形态后的经济价值。在农村体现得最为深刻的领域便是“土地征收制度”，按照《土地管理法》的规定，建设用地只能申请国有土地，集体土地只有被征收为国有土地后才能上市出让，集体同样有建设用地，但“同地不同权”。这样，集体土地所有权人就不能与用地方平等谈判，滥用公共利益名义的“征收制度”变相剥夺了集体土地所有权人的土地收益；此外，在征地过程中，农民作为所有者完全处于被动地位，从土地征用的认定，到补偿费的确定、分配和征地农民的搬迁、安置等,都是政府和有关部门说了算，农民无法参与到征用协商谈判中来，作为和切身利益最相关的农民被剥夺了话语权和自主权，无法根据自身利益进行理性的经济选择，国家支付的仅仅是“使用土地”的对价，并没有体现“所有权转让”的经济利益。

总之，正是存在上述制度缺陷，农地的集体所有权也就仅仅是一种“观念上的所有权”。因为，它所缺乏的是一种内在的组织制度和经济能力上的保障。而这又是与当前土地无人负责，耕地流失、失地农民增多、失地农民权益得不到充分补偿、土地效应得不到充分实现等诸多久治不愈的农村问题密切联系在一起的。

## 滞后的农村社会保障体系

现代社会保障制度是随着市场经济发展而逐步形成和发展起来的一种制度安排。由于我国广大农村长期处于被社会主义市场经济不断边缘化的境地，其社会保障制度的建立大大落后于城市地区，并且其制度安排也不同于城市社会保障制度的设置。目前，我国农村的社会保障体系建设除“五保”制度、农村最低生活保障制度、农村合作医疗之外，大多没有形成规范的制度。我国城镇居民基本的社会保障制度基本上没有覆盖广大农村群众，农村社会保障的内容、范围、方式和手段与城镇社会保障相比差距悬殊。“在很多地区，多数农民实际上处于基本没有社会保障的状态”[18]。

## 落后的农村金融体系

由于农村市场经济发展缓慢，造成我国农村金融体系建设严重落后城市的现状，形成了金融体系的二元化结构。目前，在农村业务量较大的是中国农业银行、农业发展银行和农村信用社。农业银行虽冠以“农业”的帽子，但仍以商业化经营为基本原则，最近几年大量收缩在农村地区的机构网点，商业银行在农村金融领域的功能渐趋弱化。“从1998年至今，中国农业银行、中国建设银行、中国工商银行、中国银行四大商业银行共撤并3.1万个县及县以下的机构，导致大部分农村地区出现金融机构单一化的局面”[19]。金融面向农村的贷款品种仍以在农产品收购方面发挥政策性金融的作用，虽然小额信贷采取农户联保方式贷款，一定程度上改善了农民的借贷条件，但借贷金额的限制致使资金难以发挥促进发展的作用。

健全的担保机制是扩大金融交易规模、客服信贷约束的有效手段。但从我国农村的现实情况来看，由于实行城乡二元化的产权制度，农村的土地、房屋等价值量大的资产不能用于抵押担保，仅靠信用担保方式来实现小额融资，大大限制了农村群众的融资能力，形成了对农村信贷规模的束缚。

## 城乡一体的产权制度力量

十六届三中全会在《关于完善社会主义市场经济体制若干问题的决定》中指出："按照统筹城乡发展、统筹区域发展、统筹经济社会发展、统筹人与自然和谐发展、统筹国内发展和对外开放的要求，更大程度地发挥市场在资源配置中的基础性作用……坚持社会主义市场经济的改革方向，注重制度建设和体制创新。坚持尊重群众的首创精神，充分发挥中央和地方两个积极性。坚持正确处理改革发展稳定的关系，有重点、有步骤地推进改革。坚持统筹兼顾，协调好改革进程中的各种利益关系。坚持以人为本，树立全面、协调、可持续的发展观，促进经济社会和人的全面发展。"《决定》还明确指出"产权是所有制的核心和主要内容，包括物权、债权、股权和知识产权等各类财产权……要依法保护各类产权，健全产权交易规则和监管制度，推动产权有序流转，保障所有市场主体的平等法律地位和发展权利"，因此，在城乡经济日益融合的今天，市场经济的主体必须同等对待。

如果说制度的演进需要社会各种力量不断博弈直至均衡状态的话，那么在当前我国处于深化市场经济发展的新阶段，从国家到农村基层已经形成了变革制度的合力。国家有明确的指向，基层农民的诉求强烈，改革农村产权制度的阻力不会再像20世纪70年代末那场改革那么难。客观地说，我国农村的现实情况是“有产权无制度，或者是有产权制度，但制度不健全”。因此，笔者认为，健全农村产权制度，构建城乡一体的产权制度是我国农村改革的基本方向，是统筹城乡社会经济发展的重点领域和关键环节。

在这一改革的过程当中，我们必须充分考虑到在“国家统合”与“市场的协约自治”之间寻求一个合理的“度”。对这种合理“度”的把握本身又要求我们必需对法律本身作为正式制度、非正式制度以及制度内在运行机制的集合体进行合理的统筹设计。因此，我们对中国农村产权制度的改革不仅应关注其立法的“效率维度”，而且还应从机制互动的角度阐发其中的 “社会公正维度”。从这种意义上看，它也就超越了其他社会制度下的农村产权制度改革，就像单机电脑是不能形成网络的一样。

正如诺斯在1993年的诺贝尔经济学颁奖典礼演讲中所说的那样：“制度形成一个社会的激励结构，由此政治与经济制度成为经济绩效的基本决定因素。与经济和社会变化相联系的时间是人类的认知过程影响制度演变方式的维度。”笔者认为，如同市场经济体制本身的完善一样，我国通过引进西方的“协约自治”的市场模式和完全改变计划经济体制下“国家统合”的调整模式来进行中国农村产权制度的改革还需要一个较长的时间过程，混合的利益关系调整模式也还将在我国有一个较长的时间存在范围。但我们相信，在这一时间过程中，随着我们不断的合理统筹制度及其运行机制所产生的递增报酬收益，最终又将会破解中国农村产权制度改革发展中的难题。而这最终需要的是我们在农村改革上的勇气与智慧！

**在健全的法制环境下，产权的获得和价值实现只能在市场运动中实现，因此，产权的流动、重组和融合是市场经济发展的必然现象。**

**建立健全现代产权制度有利于提高资本的运行效率，实现社会资本的优化配置。当围绕产权建立一套完善的制度后，就为产权流动营造了良好的运行环境，产权通过流动不仅优化资源组合，更为重要的是成功实现了产权的变性，将产权转变为资本。社会资本通过不断交易、不断流动，更新优化配置和界定**

自己的分布领域，从而最终实现其保值与增值，把产权从固化的、特定的资产形式上完全解放出来，从此以产权为表征的资产通过交易实现向资本转化。

正如秘鲁著名经济学家赫尔南多·德·索托所言，资本并不是积累下来的资产，而是蕴藏在资产中、能够开展新的生产的潜能，也就是说，资产并不生下来就成为资本，要使资产成为资本，必需有一个转化过程，即创造一套合适的所有权机制，使资产的潜能发挥出来并被加工成实实在在的东西，便于人们清楚地认识、掌握和使用。当资产发挥出潜能，并以资本的面目出现在资本市场的时候，以产权为载体的财富就此发生裂变。

## 注释

1. 袁铖，《中国农村土地制度变迁：一个产权的视角》，中南财经大学学报，2006，（5），18页。
2. 周其仁，《产权与制度变迁——中国改革的经验研究》，北京大学出版社，2005.9，10页。
3. 同上，12页。
4. 中共中央宣传部（1953年），《为动员一切力量把我国建设成为一个伟大的社会主义国家而奋斗——关于党在过渡时期总路线的学习和宣传提纲》。
5. 吴敬琏，《中国经济改革开放三十年历程的制度思考》。
6. 杜润生，《改革要过“市场关”和“民主关”》，农民日报，2008.12.15。
7. 李国祥等，《农村经济绿皮书（2004−2005）》[M]，北京：社会科学文献出版社（2005），第57~59页。
8. 郭同峰，《我国农村土地征用制度改革的理论探讨》[J]，《理论探讨》，2004，（3），第48~50页。
9. 嘉兴市国土资源局，2001年10月颁布的《嘉兴市征地制度改革试点方案》。
10. 国土资源部政策法规司，《创新与发展——农民集体所有建设用地使用权流转芜湖试点经验》，地质出版社，2003年。
11. 胡启才，《新温州模式的特点及优势》[J]，江西金融职工大学学报，2007（3），第70页。
12. http://www.news365.com.cn/csj/csjjj/200611/t20061128_1194170.htm
13. 科斯，《社会成本问题》[M]，上海：上海三联书店，1994。
14. 全国农村固定观测点办公室，《当前农村土地承包经营出现的现状及问题》[J]，《农村经济研究参考》，1998，（5）。
15. 杨经伦，《论我国农村土地制度建议》，《江汉论坛》，1998，（6）。
16. 杨学成，《关于农村土地承包30年不变政策实施过程中的评估》[J]，《中国农村经济》，2001，（1）。
17. 吴晓华，《改革农地制度，增加农民收入》[J]，《改革》，2002，（2）。
18. 韩俊，《中国经济改革30年（农村经济卷）》，重庆大学出版社，2008.6，282页。
19. 同上，200页。

Four

# Chapter 4

# 财富的裂变 | 第四章

CAIFU DE LIEBIAN

## 本章导读

农村穷不穷？又穷，又不穷。如果只是从现金收入来衡量农村的穷或富，那农村真穷。但如果以财富来衡量，那么农村是很富的。改革开放30年来，广大农村为我国的工业发展和城市化发展提供了巨额财富，农村的土地在这场伟大的经济转型过程中发生了巨大的财富裂变，但是农村依然很穷。裂变的财富哪里去了？农村的财富还多不多？农村的财富能回归到农村吗？循着这条主线，我们进入这一章的讨论。

## 财富与资本

资本是“货币”也好，是“财富”也好，是“生产手段”也好，还是“一种处于支配或主导地位的控制力量”也好，没有增殖性，即不能“生钱”，它们与资本就不沾边儿。一旦这些因素与增殖性关联起来，能够“生钱”，“增殖”或“生钱”成为这些因素存在的并赋予某种产权制度之目的时，所有因素一下子就转变身份，成了资本。于是财富便发生裂变，即：资源（或资产）→产权+制度→资源（或资产）转化为资本→财富的裂变。

财富是资本的源泉，但财富并不一定形成资本。财富既包括流动的价值，也包括不流动的价值，即死的有价物。土地是财富，房产也是财富，但是，当它们受到某种约束，不能自由地买卖交换、典当、出让、租赁等，那这种土地或房产顶多只是财富，不是资本，因为这种土地或房产不能“生钱”；一个人未来的收入也是财富，但是如果没有金融工具把未来的收入做票据化、证券化变现，那也顶多只是财富而不是资本。简单地说，财富是一些不能“生钱”的财产，资本是可以“生钱”的财产。

资本是能够生钱的钱或者财富，是活的价值。资本并不仅仅是资金，是钱，是货币，我们说一个企业拥有多少资本显然不仅仅是指它拥有多少钱，厂房、设备、土地，甚至还包括它的专利等要素都被视为资本。萨缪尔森认为，资本“即一种被生产出来的要素，一种本身就是由经济过程产出的耐用投入品”，“资本在本质上意味着时间的耗费和间接的生产手段”，“资本是三大生产要素之一。另外两种是土地和劳动，通常被称为基本生产要素”[1]。这只是狭义的资本。从广义来看，资本是在复杂的经济和社会关系中，个人或企业拥有的货币、物品、技能、信息、特征、权力等力量，并凭借这些力量可以占据相互关系中的支配或主导地位，且能获取一定收益或报酬。因而，资本不仅包括萨氏所定义的资本，而且也包括土地、劳动等生产要素（如土地入股分红、职工持股分红等），甚至还包括个人或法人拥有的技术、权利或权力、人力资本、技能等等。对于孤岛上的鲁宾逊来说，无论是他的知识还是劳动技能，还是他盖的土房，种的水果蔬菜，都不是资本。直到一无所有的“星期五”出现以后，所有这一切才成了资本，即成了鲁宾逊可以支配“星期五”的依据。1907年费雪（Fisher）在《利息率》中把资本定义为：就是产生未来收入流的财富。

资本的本性是增殖，但资本要真正体现价值增殖，就必须处于不断运动中。马克思指出，资本是“一种运动，是一个经过各个不同阶段的循环过程，这个过程本身又包含循环过程的三种不同形式。因此，它只能理解为运动，而不能理解为静止物……在这里，价值经过不同的形式、不同的运动，在其中它保存自己，同时使自己增殖、增大”[2]。一旦停止运动，资本就不能实现价值的增殖，没有价值的增殖，资本就无所谓是资本了。

基于对财富和资本的认识，我们可以得出以下两点判断：

一是资本作为能够增殖的价值，在根本上是生产力和商品经济发展的产物，资本的增殖是市场经济活动的最主要的追求，因此，资本是市场经济的核心要素。

二是财富发生裂变的条件是在商品经济环境中首先能够转化为可流通的资本。流动性不强的财富不可能产生增殖效应。

链接：僵化的资本有多少？

2000年，曾作为藤森幕僚的秘鲁著名经济学家，赫尔南多·德·索托（Hernando de Soto）写了一本《资本的秘密》小册子。在这本书中，德·索托问了一个很多经济学家都将毫不犹豫做肯定回答的问题，拉美真的缺钱吗？为了回答这个问题，索托带着他的研究小组不辞劳苦，在全球很多国家进行了实地测算，计算这些国家每个家庭所拥有的所有财富。其结果出乎他的意料，他写道，“即使是在世界上最贫穷的国家里，穷人也有积累。实际上，穷人积累的价值巨大无比，是第三世界和前共产主义国家自1945年以来所接受的全部外援的40倍。例如在埃及，穷人所积累的财富相当于记载的外国直接投资总额的55倍……在拉美最穷的国家——海地——穷人的资产比海地自1804年从法国统治之后所接受的所有外国投资大150多倍”。既然这些国家拥有如此之众的财富，为什么还说贫穷呢？德·索托最后给出了一个答案：财富并不是资本，有了财富并不必然意味着有资本。而缺少资本，经济增长就缺少引擎。“……第三世界国家和前共产主义国家的居民——占全球人口的五分之四——确实不是一无所有，但他们缺少表述所有权和创造资本的过程……正是因为这个，才始终无法创造出使他们经济起飞所需的足够的资本……美国人和欧洲人建立广泛的正式所有权法案使他们得以创造资本”。这就是资本的秘密。

## 农村僵化的资产

农村真穷吗？如果说以现金收入来衡量农村的穷或者富，那么农村是真穷。但如果以财富来衡量，农村又是富有的。在农村，财富主要集中在土地和房屋上。从中国社科院2002年的调查数据来看，在我国农民的6项财产中，土地和房产占到了74%左右。目前全国过百亿平方米的村镇房屋、近4亿亩的集体建设用地以及18.27亿亩的耕地、1.77亿亩的园地、35.42亿亩的林地和39.29亿亩牧草地，其价值至少超过百万亿以上人民币的市值[3]。然而我国的财产法律体系将这些巨大的财富限定为“僵化”的资本。

## 丢失的财富

理论上讲，任何资源（或资产）一旦赋予了现代意义上的“产权+制度”，于是其资源（或资产）便转化为资本，并将使其财富发生相应的裂变。然而，中国农村为什么还是拿着金饭碗去讨口呢？为什么于农民财富永远无法发生裂变呢？其根本之所在是中国农民在其财富裂变时却遇到了一个游戏两套规则之尴尬境遇。

伴随着近20年来中国城市化、工业化的高速进程，目前中国城镇人口已达到5.8亿，城镇化水平超过了45%，这是人类历史上最大的一次集中性的城市化转型，也是当代世界上最壮观的社会变迁。同时不容置疑的是，我国还正处于城市化速度不断加速的进程中。长期的城市化进程以及城市化不断加速必然带来城市空间规模的扩大，纳入城市建设的土地必然会在这个过程中产生价值上的裂变，这是经典经济学理论已经告诉我们的事实——因为地租增殖了。如此壮观的土地增殖过程恐怕是人类历史上绝无仅有的，其产生的财富也一定是旷古绝今的，在一个城市化严重不足、正在经历急速发展的经济里，一幅土地从农业用途转为城市建设用途，市值的增加何止十倍、数十倍？然而，这部分增加的财富哪里去了呢？

## 农民财富剧增的那段日子

家庭承包责任制的推行，极大地释放了农民的生产积极性，使得中国农村的吃饭问题迅速得到解决。到1983年前后，中国农村开始有了剩余产品，由此而产生了一个巨大的有效需求。但当时农产品以外的物质严重短缺，在有钱买不到东西的情况下，农民开始在集体土地上遍地开花式地兴办非农产业。1984年初，中共中央1号文件指出，兴办社队企业的同时，鼓励农民个人兴办或联合兴办各类企业。到1988年，乡镇企业总产值达到7018亿元，从业人员达到9495万人，实现利税892亿元，分别比1978年增长1323.5%、235.9%和710.9%。对此，邓小平同志曾在1987年给予高度评价，指出这是农村改革中我们没有预料到的最大收获，是异军突起[4]。在短短的5年时间里，农民创造了乡镇企业占国民经济半壁河山的奇迹，也创造了农村居民收入增长快于城市居民的奇迹。奥妙在哪里？“其奥妙就在于农民不仅分享了土地农用的绝大部分地租收益，而且还获得了用集体土地发展乡村工业的权利，农民不仅可以独占土地‘农转非’的地租增值收益，而且土地成为了农民发展非农产业的资本，农民获得了土地资本化收益。这就是上世纪80年代农村经济和小城镇雨后春笋、农民生活蒸蒸日上的秘密”。1978~1988年是农村和农民发展的黄金十年，农村既不依靠中央财政又不靠外资，自主发展并令全社会普遍获益。

## 谁拿走了农民的财富？

1987年下半年，国家批准上海、天津、深圳和海南正式进行土地使用权有偿转让试点。1988年4月12日，七届人大一次会议通过宪法修正案，规定“土地的使用权可以依照法律的规定转让”。中国土地制度由此发生了重大转变，绝大多数地区农民分享土地“农转非”增值收益和资本化收益的权利被政府拿走了。随着上世纪90年代农民负担日益加重，农民占有土地农用地租越来越少，甚至是负地租；随着乡镇企业私有化改制和政府征地制度、开发区制度的设立，农民分享土地非农用地租和资本化收益的权利基本丧失（少数开发区和特区除外）。此后，一系列有关土地出让或转让的法律、条例相继颁布，由此形成了以地方垄断土地出让为特征的一级市场，目前农用地转为非农建设用地只能通过政府征地这唯一的途径。

根据相关研究，土地作为农民最重要和最主要的财产，在土地流转过程中，农民得到的是微不足道的土地增值收入和补偿。中改中科院对农村入户调查证实，农民从土地用途改变的涨价中获益甚微：被调查的农户中，有55%的农户曾经被征用过土地。其中，70.4%的农民领到了土地征用补偿款。目前土地征用过程中存在的突出问题是补偿标准低，农民真正领到的补偿款更少。调查显示，近70%的农民每亩领到1～2万元补偿款，27.4%的农民领到的土地征用补偿款不足1万元，实际领到补偿款超过两万元的农民仅占2.9%，这样的补偿费是远远低于市场价格的。

问题的根源是，《土地管理法》一方面规定政府征用农地“按照被征用土地的原用途，即农地的农业用途给予补偿”，而另一方面按“土地的城市建设用途的市值”把征得的土地批租出去。这实际上是一种“制度性寻租”，这等于保证了政府在土地增值中的红利最大化，财富就这样被悄悄拿走了。

### 土地“变性”后的财富巨变

土地所能产生的财富远远还不止“征用”的这一次裂变。让我们再来看看土地国有后的财富裂变程度。而目前为了从银行融资，我国的各级地方政府纷纷成立了各种政府性的公司作为融资载体。通过国有土地抵押等途径，给城市基础设施投资、重组企业的不良资产进行融资贷款。根据刘守英、蒋省三的调查，浙江省绍兴市1999~2003年的基础设施投资资金为233.27亿元，其中财政投入为30亿元，占12.8%，土地出让金33.27亿元，占14.3%，土地融资为170亿元，占72.88%。2003年绍兴市县基础设施投资60亿元，其中预算内资金1.59亿元，占2.67%，政府性基金0.89亿元，占1.48%，土地出让金收益为19.2亿元，占32%，而土地融资38.32亿元，占63.87%。在我国的城市扩张中，以土地抵押的融资已经成为政府城市基础设施投资的主要资金来源。东部一些县市数百亿元的基础投资资金中，有60%甚至70%是来自于土地使用权抵押融资，而在中西部地区县市，由于财政资金更为困难，土地的出让收入有限，土地融资的贷款更是成为政府城市基础设施的绝对依托。

### 问题的实质——基于产权制度的思考

财富的裂变在于资本的运动，而资本运动的核心在于产权的流动性。我们在前面对产权的概念中已经分析，产权最主要的属性之一是排他性的使用权，即产权人可以通过使用资源而获得租金的收益权，以及通过出售或其他办法转让资源给他人的转让权，产权的流动性主要体现在产权的转让权上。由于土地资源增值收益的直线上扬，如何合理地分配利益，处理好政府与农民、农民与社区集体的关系，并保障农民的合法权益，直接涉及到产权制度安排问题。首先，在转让权受不当限制的条件下，资源不可能流向对其评价最高的地方，资源配置效率不能不受到损害。其次，转让权受不当限制必然导致有效竞争的缺乏。若产权主体相互间的冲突不能通过竞争性的转让的方式解决，而只能“吊死在一棵树上”，就是容忍低效率的存在或者陷入无休止的“内耗”。上面的例证告诉我们，在工业化和城镇化过程中，农村土地的产权主体能够在多大程度上分享农地转为城镇建设用地引起的增值，是由农地权利的转让制度决定的。我们现行征地制度通过管制农民土地转让权，在征收环节利用计划手段，而在出售使用权环节利用市场手段，直接将产权租金转变为行政权利租金，剥夺了农民获得土地增值的权利，这正是城市化过程中城市不断加速发展而农民收入增长不断减缓的一个重要的制度性根源。

## 财富回归的尝试

按照党的十六大提出的健全现代市场体系、加强和完善宏观调控的要求，我国土地市场建设的目标是，到2020年全面建成统一、开放、竞争、有序的现代土地市场体系。土地市场统一运行，土地产权体系完整、法律保障明确，各类交易主体平等竞争，土地市场价格形成机制完善，更大程度地发挥市场对土地资源配置的基础性作用。同时提高政府调控土地市场的能力和水平，实现城乡国有、集体建设用地进入统一市场配置，土地利用效率明显提高，切实保护耕地资源，促进土地集约利用，为全面建设小康社会和经济社会可持续发展提供土地资源保障。2004年中央一号文件指出：要加快土地征用制度改革，积极探索集体非农建设用地进入市场的途径和办法。广东省在此先行一步，将土地所有权以宪法规定为基准，置其于集体所有制的框架，在此基础上强化并规范农户的土地经营权（使用权）以及与之相应的收益权和转让权，进而对平均地权（均田承包）的资源配置低效率格局进行修正，从而以产权制度建设为中心，培育土地流转的集中机制，逐步推动土地的规模化与企业化经营。可以肯定的是，集体建设用地直接入市带来的是土地增值财富的重新分配，而这也正是财富回归农村、农民的最直接体现。

链接1：顺德农村为集体土地打造入场券[5]

顺德位于珠江三角洲中部，面积806平方公里，现辖10个镇（街道），常住人口112.19万，流动人口约67万。改革开放以来，顺德逐步由一个比较落后的农业县发展成为新型的工业城市，社会经济发展成就显著。然而，在经济快速发展和工业化的过程中，以城市为主体的城市化却未能同步推进，城市化水平远远落后于工业化的发展水平，表现为“非城市化的工业化”和“非城市化的非农化”。特别是随着现代化进程的不断加快和改革的不断深化，农村社会经济的发展面临着一些新的问题和矛盾，主要表现为：传统农业优势逐步弱化，竞争力下降；农民收入增长缓慢，城乡居民收入和生活质量差距拉大；一些农村股份经济和集体经济薄弱，历史包袱沉重；农村分散建设和土地资源浪费现象严重，发展环境和生活环境未能有效改善；违法违规流转集体土地现象较为普遍，农村集体土地管理秩序混乱。这些问题和矛盾的存在，成为影响农村社会稳定的主要因素，直接影响了顺德经济的健康发展和社会全面进步。产生这些问题和矛盾的原因是多方面的，其中一个最重要的原因是，既有的农村集体土地管理制度与快速发展的市场经济不相适应，并严重制约了城市化的发展。为了从根本上解决新形势下农村社会经济发展所面临的突出问题和矛盾，顺德以市场化、城市化为目标，对全区农村的区域组合、经济结构、行政构架、管理方式和运行机制等进行了战略性调整和改革，其核心内容是改革现行的农村集体土地管理制度，全面推进征地制度改革。目标是建立能够更好适应市场经济发展和城市建设需要，显化农民集体所有土地的资产价值，体现土地价值的区位级差，充分保证农民利益。

首先是确立流转制度。集体所有建设用地使用权的流转，是指集体所有建设用地的使用权通过有偿、有期限转让（包括作价投入和交换等）、出租等方式，使土地使用权发生转移或实际使用人发生变更的行为。具体做法是：（1）流转的集体建设用地必须符合土地利用总体规划和城镇建设规划；发生流转前须由土地所在村委会和镇一级土地管理部门确认所有权人，权属无争议。（2）集体建设用地流转必须通过合同约定使用年限。但最高不得超过同类国有土地使用权出让的最高年限；再次流转的年限不得超过合同约定的剩余年限。（3）流转的集体建设用地不得用于房地产开发建设，使用者如须改变原土地用途，应当取得土地所有者同意和区主管部门批准，并重新签订流转合同。（4）建立集体建设用地基准地价，并由区政府定期公布，作为政府核收集体建设用地使用权流转收益金的依据。其次是规范流转管理。一方面，由区规划国土局负责对集体建设用地的土地所有权和使用权进行调查审定，经区政府审核同意后核发集体建设用地所有权证和房地产权证或土地使用证；另一方面，集体建设用地流转必须签订统一印制的流转合同，并经区规划国土局审查备案后方能生效。顺德还根据实际情况，针对首次流转、纯土地再次流转、已办房地产权证的集体建设用地流转三种不同流转类型，制定了一整套办事程序。

顺德开展农村集体土地管理制度改革工作，既遵循国家现有法律体系的基本框架和重要原则，又大胆创新现行农村集体土地管理制度，对完善农村集体土地管理制度体系和丰富农村集体土地管理制度的内容积累了一定的经验，取得了多方面成效：（1）促进了土地资源的集约利用，加快了城市化进程。农村集体土地管理制度的改革打破了妨碍城市化的制度约束，促进了土地资源的集约利用，为城市化进程的加快提供了制度支持。2003年，该区全社会固定资产投资111.78亿元，增长38.4%，新城区完成了市政、绿化和公建等三大类工程项目127项。目前，顺德城镇建成区面积81.6平方公里，比2000年增加了35.05%。（2）切实保障农民利益，促进了农村社会稳定。通过确立农村集体建设用地使用权流转制度，承认农民的土地财产权并显化了农民集体土地的资产价值，使农民长期、稳定的利益切实得到保障，有利于农村的长期稳定和发展。2003年，农民减负率达81%，农村人均纯收入增长4%。

（3）促进了产业结构调整，推动了全区经济发展。农村集体土地管理制度的改革，适应了顺德从城乡一体化向城市化转移和从农业社会向工业社会转变的需要，在不同程度上促进和保障了农村集体土地用于第二三产业的发展，有力地促进了产业结构的调整。2003年，顺德的一二三产业总产值的比例由10年前的6.7：86.4：6.9发展为3.2：80.5：16.3；全区国内生产总值509.02亿元，同比增长17%；工农业总产值1288.81亿元，增长28.5%；地方财政收入34.98亿元，增长17.8%。

链接2："同地同价同权"的伟大实践[6]

在全国集体建设用地使用权流转试点单位顺德等地的经验总结基础之上，2005年5月17日，广东省政府常务会议通过了《广东省集体建设用地使用权流转管理办法》，次月23日又以广东省人民政府第100号政府令的方式颁布，并确定自2005年10月1日起正式实施，标志着广东省集体建设用地流转有了明确的规范。早在这个《办法》处于草案阶段，北京大学周其仁教授就给予高度评价，认为这将是"可能青史留名的地方法规"。国务院发展研究中心农村经济研究部研究员刘守英对此进行了评价。

首先，《办法》有利于实现集体建设用地与国有建设用地的平等地位。我国《土地管理法》规定："任何单位和个人进行建设，需要使用土地的，必须依法申请使用国有土地；但是，兴办乡镇企业和村民建设住宅经依法批准使用本集体经济组织农民集体所有的土地的，或者乡（镇）村公共设施和公益事业建设经依法批准使用农民集体所有的土地的除外。"因此产生土地分属两种权利体系而受到不同对待的二元格局，尽管为我国快速城市化和工业化提供了便利，但也引发了一系列问题。《办法》在总则第二条就开宗明义，旨在使"集体建设用地使用权出让、出租、转让、转租和抵押"在地方合法化。据此，农民集体土地所有者可以将一定年期的集体建设用地使用权让与向其支付价款的土地使用者；可以以集体建设用地使用权作价入股，与他人合作、联营等形式共同兴办企业；集体土地所有者或集体建设用地使用权人可以将集体建设用地租赁给支付租金的承租人；集体建设用地使用权人可以将集体建设用地使用权进行再转移；集体建设用地承租人可以将集体建设用地进行再次租赁；集体建设用地使用权人可以不转移对集体建设用地的占有，而将集体建设用地使用权作为债权担保。《办法》实施后，一方面，农民集体建设用地可以不须先变成国有土地，而享有了与国有建设用地同等的出让权、出租权、转让权、转租权和抵押权，真正实现了集体建设用地与国有建设用地“同地同价同权”；另一方面，土地的使用者，无论是“兴办各类工商企业（包括国有、集体、私营、个体、外资、股份制、联营）”，还是“兴办公共设施和公益事业”，都不再必须使用国有建设用地，集体建设用地也纳入了他们的选择范围，从而有利于城乡统一的土地市场的形成。

其次，《办法》有利于土地市场的规范化，合法保护土地交易双方的利益。事实上，与我国早期的包产到户改革一样，广东《办法》的出台，是顺应当地农村土地市场自发发展现实的诱致性制度创新。上世纪 90年代以来，在珠江三角洲地区，农民就已经直接将土地出租给他人创办企业或兴办市场，或者为了避开法律的限制，由集体经济组织申请用地办企业，实际上的企业创办人是本村或外村的企业家，在得到地方政府的合法许可后，集体经济组织再与用地方私下签订土地使用权租赁、转让合同。随着乡镇企业体制的改革，这类做法在珠江三角洲地区愈加普遍，形成该地区农民集体建设用地占建设用地总量半壁河山的局面。但是，由于这种自发的土地交易行为与现行法律冲突，近年来用地企业与集体经济组织和农民之间纠纷不断，诉讼增多。以南海市为例，2001年，该市法院房地产庭受理案件 780件，涉及集体建设用地 78件，占 10%；2002年上半年受理案件 110件，涉及集体建设用地 33件，占 30%。非法出租集体土地的法律后果，一方面是农民集体正当的财产性收入得不到合法保护。由于土地的出租是非法的，集体经济组织与企业所立合同就属于我国《合同法》第 52条规定的以合法形式掩盖非法目的的无效合同。法院的判决结果只能是：将土地使用权还给集体，土地租金返还承租方。尽管建筑物是以土地所有权人的名义合法报建的，但承租方为出资建筑方，作为不当得利，集体还得向他们返还建筑物的价值，承租方反而能从集体拿回投资。有的企业钻法律的空子，在合同期限届满之前故意不交租金，并以此提起诉讼坑害农民集体。另一方面，非法租地不利于企业进行扩大规模的长期投资，因为投资者没有合法的土地使用权，担心与农民集体关系恶化时被“请”出村子。《办法》颁布与实施后，无论是集体建设用地的出让、出租，还是转让、转租，其相关的土地权属证明、出资合同等都在市县人民政府备案，因而有利于合法保护土地交易双方的利益。

第三，《办法》有利于农民以土地权利参与工业化和城市化进程，分享土地增值的成果。在以往的征地补偿制度下，随工业化和城市化的推进，我们所看到的是一个个村子的土地被征收，而失地农民所能得到的只是被征地前三年的农业产值的一定倍数的补偿，最低的只有几千元。伴随土地征收，农民集体永久丧失了土地的所有权，农民在得到一定的补偿后也永久失去了土地的使用权、收益权和转让权。他们被断绝了与土地的一切联系，尤其是巨额的土地级差收益与他们毫无关系，这种做法引起农民的深刻不满，并成为近年来农民群体性上访的主因。珠江三角洲地区集体建设用地出租的经验证明，集体将一亩建设用地租给企业使用，一般年租金为6000元，而且由于土地的集体所有制性质未变，农民可以不断分享土地收益。在南海、顺德、东莞的村庄，农民集体出租建设用地每年可以获得数百万元租金，每个农民每年可以分得数千元。随着土地租金的提高，集体和农户的土地收入还有增加的趋势。《办法》实施后，农民可以通过集体建设用地直接参与工业化和城市化进程；由于保留了土地的集体所有制性质，农民可以长期分享地租。与国家征地不同，集体建设用地流转在上缴各项相关税费后，土地收益的大部分由集体和农户享有。《办法》允许在集体建设用地上设立抵押权的规定意义重大。在拥有集体建设用地抵押权后，企业就可以以此土地到银行抵押，获得金融支持，有利于企业资金周转和扩大规模。

据广东省国土资源厅统计，2006年广东省农村建设用地使用权转让23200多亩，2100多宗，约每宗10多亩，总价款20多亿元人民币，即每亩地价近100

万元人民币。据广东省调查，目前至少还有60多万亩的农村集体建设用地闲置。伴随着经济发展，土地价格还将进一步调整，以这样的市场价格已经具备了彻底解决农民社会保障、职业转型的能力。

## 农村资产资本化

“一旦无效率的制度选择沿着原来的错误路径走下去，就会陷入一种‘自动锁定’的状态，初始的制度设计会强化现存的制度刺激与惯性，要想脱身而出就显得十分困难。正是由于国家决定产权结构，因而国家最终要对造成经济的增长、衰退或停滞的产权结构的效率负责”[7]，因而，当务之急是探索中国农村产权制度变革最基本的理论基点——农村资产资本化并使其财富发生裂变。

目前，将市场经济引入广大农村已成为我国完善社会主义市场经济的关键，然而目前农村居民参与市场经济的能力仍然让我们忧心忡忡。市场经济是以商品交换为基础的，而农村沉积大量资本的土地和房屋不能作为商品来参与市场经济，正如赫尔南多·德·索托认为的那样：“第三世界国家和前共产主义国家的居民——占全球人口的五分之四——确实不是一无所有，但他们缺少表述所有权和创造资本的过程。”[8]事实的确如此，中国农民确需一种能让其资产资本化的产权制度创新或演化的趋动力！

由于目前我国在农民土地财产权实现方式上的严格限制，导致土地这种稀缺性生产要素的资本化大打折扣。土地资本化是实现土地财产保值增值的重要手段。土地资本化的实现方式，是农民在土地上的权益可以以权证形式被交易，或者可以在金融机构进行抵押，可以为现代农业的扩大再生产和规模化、专业化的农业生产经营提供内在的资本性融资渠道。但是，我国涉及农村土地的法律，都对农民在土地上的权益转化为资本，从而凭自己的权益性融资的可能性加以严格限制，使土地这种最为稀缺的生产要素的流动性大打折扣。

就我国的实际情况来看，制约农村资产资本化经营的因素还很多。一是农村资产包括耕地、房产、水源、林地等产权的主体和权属还不够明晰完整，这是推动我国农村资产资本化经营的主要障碍；二是二元产权制度和户籍制度不仅限制了我国农民的财富和生产资料的积累，而且也固化了农民的身份，不利于劳动力的自由流动和劳动力价值的实现；三是城乡二元经济结构和政府对主要农产品的管制，不利于统一的生产要素和产品市场的形成，相关的市场机制不能发挥正常作用，同时，也严重扭曲了农村生产要素和农产品的价格，导致市场在中国农村严重失灵；四是农村金融体系几于崩溃，由于中国传统农业经济规模小，自然经济色彩还非常浓厚，抗风险的能力特差，加之政府“无工不富”观念的误导，无论是政策性涉农金融机构，还是商业银行，都纷纷退出农村，从而使中国农村面临既无能力自己造血也没机会接受别人输血的尴尬境地。所有这些制约因素中，我国农村产权制度的缺陷是最大的障碍，正如秘鲁经济学家德·索托指出，相当多第三世界国家和共产主义转型中国家，之所以没有能够像欧美发达国家早年那样起飞，其根本原因在于这些国家缺乏对财产所有权的“法律表述”。可见，要成功实现我国农村资产资本化经营，孵化出能够“下金蛋的母鸡”，改革我国现行农村产权制度已成当务之急。

农村资产资本化主要具有以下特征：一是资本增殖性或财富的裂变性，即资本化的目的是为了创造和增加收入；二是具有融资功能，即资产拥有者可以资产作为抵押或向银行贷款或组织合作经营公司、股份经营公司或发行股票、债券等方式向社会融资；三是资产产权分割性，即所有权、承包权、使用权等可以分离；四是资产价值化，即农村资产须用价值计量和核算代替实物计量和核算[9]。以上诸特征相互依存、缺一不可，共同形成农村资产资本化的属性；其中，增殖性和融资性又是农村资产资本化最显著特征，农村资产资本化只有具备了以上特征之后，才有可能保障“农民离土不失土”、“农民增收粮不减”等多重预期目标的实现。

实现农村资产资本化要具备一些条件。一是农民所拥有的农村资产即土地、房产、水源等生产要素必须具有完整清晰的产权是农村资产资本化的前提，只有具备这种特征的资产才能形成正向的激励机制和确定性，从而规避机会主义和高昂交易成本的弊端；二是建立统一的生产要素市场和产品市场是农村资产资本化的重要平台，只有依托“看不见的手”，遵循“效益最大化原则”，发挥价格、供求、竞争和风险等机制的作用，才可能实现生产要素重新优化组合，任何妨碍生产要素自由流动和产品自由流通的制度或规则都不利于资源优化配置；三是对土地等生产要素采用新的农业科技进行规模化经营是农村资产资本的重要经济保障，只有利用新的农业科技进行规模化经营、获取更多土地产出才能保障新的资产经营者和关系农民“双赢”，因为任何“你所得正是我所失”的方式都会打破这种均衡合作；四是建立健全完善的农村金融体系是实现农村资产资本化的重要金融保障，从某种程度而言，现代经济就是金融经济，传统的金融工具和众多的金融衍生工具已成为现代市场经济的重要支柱，而对于基础薄弱的农业来说，要建立现代化的农业经济更离不开金融的支持。

由此观之，**财富转化为资本的最重要条件就是建立健全产权制度**。如此，才可能使产权的基本功能包括激励和约束功能得以发挥，也才可能使得资源得以优化配置，财富得以创造。**这种由农村自身资源、资产裂变而产生的财富，将从根本上解决我国农村发展、农业现代化所需大量资金的问题**。

当西方商品经济迅速发展起来的时候，产权（制度）作为支撑这种经济形态基石，很早就进入了经济学家的视野，不乏有经典的理论成果。在本书写作过程中借鉴了一些经典理论，这些或许已经不再新鲜，甚至不再被人们怀疑。然而这些经典理论为什么不能有效解决中国当前面临的“三农”问题？本书提出了“制度保障”这一观点。然而，判断是否正确，我们还需要通过实践来检验。

## 注释


1. 保罗·萨缪尔森，威廉·诺德豪斯，《经济学》，北京：人民邮电出版社（第17版），26页。
2. 马克思，《资本论》，第2卷，人民出版社，1975，122页。
3. 武建东，《农村土地使用权改革是打通内需大发展的战略通道》，东方早报，2008.10。
4. 韩俊，《中国经济改革30年——农村经济卷》，重庆大学出版社，2008.6，146页。
5. 边防军，《中国房地产报》，2004.4.22。
6. 刘守英，中国房地产信息网。
7. [美]道格拉斯·C.诺斯，《经济史中的结构与变迁》，上海：上海人民出版社，2002， 11页。
8. [秘鲁]赫尔南多·德·索托，《资本的秘密》，江苏人民出版社，2001，14页。
9. 邓大才，《论农村资产资源产权资本化经营》，《地质技术经济管理》，2004（2），第1期。

Five

# Chapter 5

# 第五章 实践的探索

SHIJIAN DE TANSUO

## 本章导读

2003年，成都在全国率先启动了城乡一体化实践，对统筹城乡发展的模式进行了积极的探索。通过探索建立城乡一体化的管理体制，推进工业向集中发展区集中、农民向城镇集中、土地向规模经营集中等“三个集中”，大力实施农业产业化经营工程、农村发展环境建设工程、农村扶贫开发工程等“三大工程”，城乡统筹发展取得了显著的成效。在此基础上，2007年6月，国务院批准成都为全国统筹城乡综合配套改革实验区，既是对成都5年来城乡统筹发展成果的认可，更寄希望于成都能够在深化城乡统筹发展的道路上探索新的途径。机遇与挑战并存，如何找到深化城乡统筹发展的关键环节、实现城乡社会经济全面一体化发展，成为全新课题。历时半年的研究与论证，成都市委市政府将探索建立健全系统、科学、正规、完善的农村产权制度作为成都市统筹城乡综合配套改革试验的重要领域和关键环节。2008年1月1日，成都市委市政府下发了《关于加强耕地保护进一步改革完善农村土地和房屋产权制度的意见（试行）》，一场伟大的探索在成都市徐徐拉开帷幕。都江堰市、温江区、双流县、大邑县被确定为成都市农村产权制度改革试点，从2008年2月18日正式启动改革进程，目前改革成果喜人。让我们从试点的一些做法来看看这场改革吧……

## 农村产权制度改革背景

制度要变革一定会受到各种阻碍，但是生产力的发展是制度变迁、社会进步的最终动力，只有符合生产力的前进方向的变革才能够得到历史的承认。因此，只有以发展生产力为切入点，才能从根本上推动制度变迁的进程，而我国的农村产权制度的改革，就是在中国的现代化进程中符合解放农村生产力要求的。在构建社会主义和谐社会、健全社会主义市场经济体制、发展现代农业的今天，加快推进农村产权制度改革是事关改革全局的一项重大战略任务。

继2005年6月、2006年5月国家先后批准上海浦东和天津滨海为国家首个和第二个综合配套改革试验区后，2007年6月，国家发展和改革委员会又下发通知批准成都市和重庆市为全国统筹城乡综合配套改革试验区，目的在于以综合配套改革试点带动推进面上的发展。这次设立的成都市配套改革试验区，是国家战略层面上设立的以城乡统筹为重点的综合配套改革试验区，根本目的在于：逐步建立较为成熟的社会主义市场经济体制，基本形成强化经济发展动力、缩小城乡区域差距、实现社会公平正义、确保资源环境永续利用以及建设社会主义新农村的理论构架、政策设计、体制改革及经济发展、社会和谐的综合模式，走出一条适合中西部地区的发展道路。国家希望试验区能为全国深化改革、实现科学发展与和谐发展，发挥示范与带动作用。这是国家落实科学发展观、推进和谐社会建设的重要举措。成都市经过5年的城乡统筹发展探索，初步建立了行政管理和社会管理城乡一体化制度，面临深化城乡统筹发展，实现城乡社会经济全面一体化发展的目标，成都市将农村产权制度改革作为关键环节和重点领域，通过改革和完善农村产权制度，夯实农村微观经济基础，从根本上解决广大农村自动造血功能和资本积累机制的问题，使之能够适应市场经济的发展要求。

## 农村产权制度改革的关键点

由于现行农村产权制度的缺陷，农村社会保障的不完善，以及既得利益集团推动制度变革缺乏动力，导致我国农村产权制度变革面临很多障碍。具体表现为农村法律体系缺少系统性，农村社会保障体系建设滞后、农村建设用地不能自由流转、征地制度侵害农民权益滋生腐败、开展集体土地上房屋权属登记困难重重等问题。而改革正是为这些问题寻找答案。

### 关键点一：解决农村产权市场主体组织弱化、地位缺失的问题

我国《宪法》、《土地管理法》、《农业法》、《村民委员会组织法》等涉及农民集体土地所有权的相关规定表现出含糊不清、相互矛盾或与社会现实不符等问题。例如，对农村土地仅规定归农民集体所有，但对“农民集体”的含义、表现形态未做明确界定，并将“农民集体”与农村、农业经济组织混用。《土地管理法》中规定村民小组具有经营土地的权利，而在我国《村民委员会组织法》中，村民小组却隶属于村委会，无独立地位，其对土地的经营管理权也就当然地收归村委会了。但村民委员会本质上并不是集体土地所有权主体，它只是村集体事务的实际操作者。一方面，从村民委员会性质来看，我国法律规定村民委员会是基层群众性自治组织。另一方面，我国《村民委员会组织法》和《土地管理法》规定村民委员会管理本村属于村农民集体所有的土地和其他财产，可见，法律并没有赋予村民委员会以土地所有权，村民委员会只是土地的经营管理者，并非土地所有者。并且就村民委员会而言，根据我国《宪法》和《村民委员会组织法》的规定，村民委员会是村民自我管理、自我教育、自我服务的基层群众性自治组织。因此，虽然宪法、土地管理法、物权法都明确规定了农村的土地及其他财产属于农民集体所有，但是，对集体主体却没有明确的组织内涵，弱化了主体的组织性，造成其市场主体的缺位。

**关键点二：需要明确集体土地使用权与房屋所有权的法律关系**

在我国法律体系中，承认房屋可以独立于土地而存在，但是在实际交易过程中，我国现行立法在针对城市房屋和土地时实行的却是土地和房屋互不分离的立法体例。如《城市房屋产权产籍管理暂行办法》第三条规定："城市房屋的产权与该房屋占有土地的使用权实行权利人一致的原则。除法律、法规另有规定的外，不得分离。"《城市房地产管理法》第三十一条规定："房地产转让、抵押时。房屋的所有权和该房屋占有范围内的土地使用权同时转让、抵押。"《中华人民共和国担保法》第三十六条规定：依法取得的国有土地上的房屋抵押的，该房屋占用范围内的国有土地使用权同时抵押。以出让方式取得的国有土地使用权抵押的，应当将抵押时该国有土地上的房屋同时抵押。乡（镇）、村企业的土地使用权不得单独抵押。以乡（镇）、村企业的厂房等建筑物抵押的，其占用范围内的土地使用权同时抵押。《中华人民共和国物权法》第一百八十二条规定：以建筑物抵押的，该建筑物占用范围内的建设用地使用权一并抵押。以建设用地使用权抵押的，该土地上的建筑物一并抵押。《中华人民共和国物权法》第一百八十三条规定：乡镇、村企业的建设用地使用权不得单独抵押。以乡镇、村企业的厂房等建筑物抵押的，其占用范围内的建设用地使用权一并抵押。从以上的规定可以看出，针对城市房地产领域，土地使用权与房屋所有权的关系是很明确的，无论是流转还是抵押，无论是"房随地走"还是"地随房走"，即

▲ 农民财产的身份证

“房地合一”。但目前的法律在对农村房屋和土地的关系规定上却没有明确的法律规定。

### 关键点三：配套改革农村社会保障体系

在中国城乡二元分割的格局下，农民并未像城市居民那样享受到社会基本生活保障福利，土地对农民而言，仍然是大多数农民赖以生存的主要生产资料，在农村社会保障体系不完善的情况下，土地的社会保障功能不可忽视。土地作为社会保障的替代物，为占中国人口绝大多数的农民提供了基本的生活保障，从而成为维护社会稳定的一个重要因素。更为重要的是农村的土地兼具生产和社会保障双重职能，这就意味着，在社会保障体系未能覆盖到农村的情况下，随着土地的制度变革，附着于土地的社会保障也一起发生了变化。在农村经济基础薄弱，农民抵御风险能力低下的现实情况下，农民必然担心农村承包地产权改革在短期内引起农村土地兼并、转让的浪潮，担心他们将成为“无业、无地、无非农职业技能”的“三无”农民，政策设计者对此产生的忧虑是阻碍农村产权制度改革的重要因素。因此，农村产权制度改革的目标之一是要建立健全农村社会保障体系。

### 关键点四：厘清集体土地上房屋权属登记管理问题

农村房屋权属登记效力较低，影响了农民办理房屋权属登记的积极性。从国家层面来看，《土地管理法》、国务院《关于加强土地转让管理严禁土地炒卖的通知》、《关于深化改革严格土地管理的决定》等相关法律法规规定：宅基地和自留地、自留山，属于农民集体所有，农村村民一户只能拥有一处宅基地，农村村民出卖、出租住房后，再申请宅基地的，不予批准。农村的住宅不得向城市居民出售，也不得批准城市居民在农民集体土地建住宅。禁止城镇居民在农村购置宅基地，等等。这些法律法规规定表明，农村房屋产权交易被限制在本集体经济组织内，农村房屋难以体现其市场价值，权属登记作用不大，也难以调动起农村办理房屋权属登记的积极性。

农村房屋的管理滞后，违章违法建筑较多，农房私下交易频繁。在城郊结合部，农民的建房普遍存在“未批就建、边批边建、批少占多、批东占西”的现象，甚至一些乡（镇）村集体经济组织也加入“种房运动”的行列，在集体土地上修建较大规模的房屋，并向社会公开出售。因管理滞后长期未能得到解决，现开展集体土地上房屋权属登记发证，若处理不当，易引起群体性情绪波动和不满，集体上访，影响社会安定。随着市场经济的快速发展，大量农村人口进入城镇，同时又有部分城镇居民向农村转移，导致集体土地上房屋交易频繁。按照相关法律法规规定，其房屋产权交易不能取得登记的公示效力。因此，在现有集体土地上存在大量外来居住者与房屋所有权人不符的现象，纠纷也因此增多。

《城市房屋权属登记管理办法》对房屋权属登记的要求与农村房屋现状存在较大差距。参照《城市房屋权属登记管理办法》规定，申请房屋所有权初始登记，应当提交用地证明文件或者土地使用权证、建设用地规划许可证、建设工程规划许可证、施工许可证、房屋竣工验收资料以及其他有关的证明文件。集体土地上房屋现状是农民普遍建房手续资料不齐备，房屋建设未能达到规定的技术规范、安全标准，规划许可、施工许可、房屋竣工验收更是无从谈起。对于房屋登记，与城市有统一规范的房屋登记管理制度不同，农村房屋权属登记发证机构不统一，有的是县级建设行政管理部门，有的是县级土地行政管理部门，还有的是乡（镇）政府，造成了登记程序不统一、权属证书不统一、档案管理不统一等一系列问题，致使农村房屋登记效力远远低于城市房屋，房屋产权证书流于形式，难以起到“财产身份证”的作用，同时也为权属管理和产权流转带来了巨大的障碍。

### 关键点五：要创新农村集体建设用地流转制度

目前，我国还没有一部专门调整农村集体建设用地使用权流转方面的法律。从国家立法上，仅靠《民法通则》《土地管理法》《物权法》等中的极少规范进行调整。但从改革的方向来看，国家多次发文明确对集体建设用地流转问题可以进行有益的探索。中共中央、国务院于1997年颁布的《关于进一步加强农村集体土地管理的通知》中指出："用于非农业建设的土地，因与本集体以外的单位和个人转让、出租、抵押附着物而发生土地使用权交易的，应依法严格审批，要注意保护农民的利益。"这项政策精神可理解为是为集体建设用地入市流转初步明确了方向。《中共中央国务院关于做好农业和农村工作的意见》（中发[2003]第3号文）要求"各地要制定鼓励乡镇企业向小城镇集中的政策，通过集体建设用地流转、土地置换、分期缴纳出让金等形式，合理解决企业进镇的用地问题"。2003年12月31日发布的《中共中央国务院关于促进农民增加收入若干政策的意见》（中发[2004]1号）中明确指出"加快土地征用制度改革"，"积极探索集体非农建设用地进入市场的途径和办法"。《关于深化改革严格土地管理的规定》（国发[2004]28号）既要求采取最严格的措施保护农田，控制用地规模，同时亦提出"在符合规划的前提下，村庄、集镇、建制镇中的农民集体所有建设用地使用权可以依法流转"。

我国正处于全面深化改革的重要转轨时期，许多制度变革的典型路径即实践探索先于法律变革，在总结实践经验基础上促进立法进程。农村集体建设用地使用权流转实践亦印证了这一点。事实上，国家土地管理部门早在改革之初（1978年）起就一直未中断组织部分地区进行农村集体建设用地流转的试点实践，而自1999年以来，国土资源部更在全国范围内较大规模安排了30处集体建设用地流转试点，如安徽芜湖、广东顺德、浙江湖州等地的做法在前面已经论述过。全国不少地方政府亦在积极推动或由农民自发进行更多的相关实践。虽然各地实践探索不尽相同，但基于现实合理性所总结的典型经验或成功模式，大多已突破了现行法律所设置的制约条件，对集体建设用地使用权流转的制约格局指明了方向。

▲ 成都市委书记李春城（右一）深入农户调研农村产权制度改革工作

## 农村产权制度设计

合适的产权安排，可以优化配置生产资料，激励出物的经济效能。但是，生产要素要合理流动并转化为资本，仅有产权是不行的，它只有在受到正规的产权制度的调整和规制下，才能产生预期的经济和社会价值。孤立的产权不能形成有效的效能机制，只有系统化才能发挥出制度的效能。因此，系统的产权制度不仅仅是所有权本身，它应当是以所有权为基础，以使用收益权为核心的权利集合体。产权制度是关于产权界定、运营、保护等的一系列体制安排和法律规定的总称。

科学有效的产权制度的根本要求就是在产权关系上做到“归属清晰、权责明确、保护严格、流转顺畅”。一套完善的产权制度应该是一种网络，所有对资产的表述形式都必须纳入一种规范化的产权制度中，并向所有人开放，使全社会能够从资产中提取潜在的附加值。只有系统化的产权制度才能够形成惊人的力量，使资产充分流动起来，产生巨大的经济潜力。

农村产权制度建设是一项复杂的系统工程，面对的是尚未经过市场经济洗礼的淳朴的广大农村群众和农村复杂的产权状况，如何保证改革能够沿着既定的目标前进就成为关键问题。为此，制度设计必须明确“三大原则”，一是严格保护耕地。改革过程中要十分珍惜和集约节约利用土地资源，严格控制非农建设占用耕地，确保耕地总量不减、质量不降，基本农田得到有效保护；二是要在稳定农村基本经营制度的基础上进行改革，通过制度建设充分发挥以家庭承包经营为基础、统分结合的经营体制在农村的作用；三是切实维护农民利益，必须以尊重农民的主体地位为前提，充分调动和保护好广大农民的积极性和主动性，依法保障农民各项权利，让农民得到更多实惠。

改革的内容可以用“三大板块、七项内容”来概括。“三大板块”为产权确权登记板块、建立耕地保护制度板块和搭建流转平台板块。“七项内容”为五项权利的登记、建立耕地保护制度、搭建流转平台。具体讲在确权登记板块，主要包括对农村土地所有权、集体建设用地使用权、土地承包经营权、农村房屋所有权和林权进行确权登记。建立耕地保护制度在确权登记之后，通过建立制度、形成耕地保护机制，确保国家耕地保护的大政方针得到真正落实。在这两项基本的制度建立起来以后，考虑搭建流转平台，为农民的资产流通营造市场化的环境。农村产权制度改革重在“制度”建设，“三大板块、七项内容”是一个有机的整体，只有确保改革内容全部落实到位，改革的成效才能显现。如果用一句话来总结农村产权制度改革，那就是“确权是基础，流转是目标，配套是保障，还权赋能是根本”。

## 农村产权确权登记

农村产权确权登记是进行农村产权制度改革的核心，是耕地保护和产权流转的基础。农村产权确权工作既有政策层面的问题，又有实际情况的问题，是农村产权制度改革的重点和难点。在政策层面，主要面临目前政策法规对农村集体土地所有权主体交代不清的问题，需要理清政策，明确集体土地所有权主体。从实际操作层面来看，自上世纪80年代初期实施“包产到户”以来，经过30年的变迁，从未对农村产权进行过彻底的清理，农村产权权属状况纷繁复杂，面临的矛盾和争端比较多。因此，需要制定针对农村集体土地所有权、集体建设用地使用权、土地承包经营权、农村房屋产权、林权等在内的确权指导意见和操作细则，确保确权工作取得实效。对于确权这项基础性工作，需要明确几个关键问题。

### 关键问题一：明确农村集体土地所有权主体

我国的《宪法》《民法通则》《土地管理法》《农业法》《物权法》等重要法律都规定农村的土地归农民集体所有，但对“集体”是组、村民委员会还是集体经济组织没有明确规定，且没有统一的名称，导致集体土地所有权主体不明确。明确集体土地所有权主体是农村产权制度改革的基础工作，对于解决产权归属问题，确定和划分产权权能，保障产权人有效行使占有、使用、收益和处分等权利，建立产权收益的补偿和分配制度，有效避免可能发生的债权债务纠纷，防范可能出现的法律和政策风险等都具有十分重要的意义。为此，在认真分析现行法律规定和建国以来农村集体组织演进过程的基础上，必须对集体土地所有权主体予以明确。按照“三级所有、队为基础”的原则，将组一级集体经济组织明确为“农业合

▲ 成都市市长葛红林（右一）与工作人员探讨农村产权登记系统

作社”，将村一级集体经济组织明确为“农业合作联社”，将乡镇一级集体经济组织明确为“乡镇集体资产管理委员会”。三者之间互不隶属，以“农业合作社”作为最基本的集体土地所有权主体，赋予“乡镇集体资产管理委员会”对农业合作社和农业合作联社集体资产管理的监督权。集体土地所有权主体的明确，为下一步改革基层治理结构奠定了坚实的基础。

### 关键问题二：坚持承包地确权不打乱重分

在土地承包经营权调查摸底和确权登记过程中，由于各地存在“等地”人员，或是部分村组保持了年年微调承包地的做法，致使一部分农户认为此次农村产权制度改革应该打乱农用地原来的承包格局，重新进行分配。《土地承包法》明确规定了在30年承包期限内稳定承包经营权的规定，而农村产权制度改革是在国家大法的框架下进行的改革，并不是对国家法律规定的改革。改革初期采取的平均承包土地，只是追求在市场经济竞争中寻求最开始的公平，但当大家在市场经济环境中跑起来的时候，就不能再靠强制调整土地的行政手段来实现公平了。如果此次改革调整了农民的承包地，就容易造成农民对土地的预期，更重要的是影响到了农民对土地投入的积极性。在此，我们认识到，不打乱重分至少有“四利”，即有利于很好地坚持国家在农村的承包经营制度，有利于农民增加在土地上的投入，有利于农村劳动力向城市转移，有利于农村计划生育。这几点也正是解决“三农”问题的重要途径。但是，人地矛盾突出的地方，经全体社员讨论同意也可以作适当调整。

### 关键问题三：明确农村房屋共有权人登记原则

关于集体土地上房屋权利人和共有人的登记问题，因国家法律没有明确的规定，需要根据实际情况进行创新，避免确权登记后出现新的问题。按照城市房屋登记原则，笔者认为应确定房屋所有权人应与集体建设用地使用权人保持一致的原则，农村房屋的初始登记应由户主代表户口簿中记载的享有集体建设用地使用权（宅基地使用权）的全体家庭成员（继承取得的除外）按照“自愿申请登记”的原则共同申请；凡因权利申请人瞒报、虚报，造成登记错误的，可由登记机关或权利人、利害关系人按照更正登记程序予以更正，给他人造成损害的，应当由权利申请人承担相应的法律责任。

### 关键问题四：确认集体经济组织成员

在集体土地所有权主体明确为集体经济组织之后，集体经济组织成员权的界定问题显得至关重要。集体经济组织与村委会、组是两个内涵不同的自治组织，村民与集体经济组织成员身份并不完全等同。为体现集体经济组织所特有经济管理职能，保障经济组织成员更好地行使对集体资产的占有、收益、使用和处分等基本权利，需要对集体经济组织成员的组成和其权利义务做出详细而明确的界定。笔者主张应按照权利主体行使权利和所尽义务的范围不同，将农村集体经济组织划分为普通成员和特殊成员两类，同时对两种成员权的确定、丧失、权利和义务进行了明确的规定。将集体经济组织定义为开放性组织，其特殊成员的取得途径可以通过两种方式实现，一是通过向农村集体经济组织捐交公积公益金的形式加入；二是与该农村集体经济组织或经该集体经济组织同意与其成员形成产权转让关系的形式加入。这为壮大集体经济组织实力、完善治理机构和确定流转收益分配制度等方面都具有现实的意义。

### 关键问题五：确权异议处理

产权制度改革的基础是确权，权属争议是否得到迅速有效的解决直接影响改革进程，通过制度设计最大限度减少和防范可能出现的权属争议，对明晰产权意义重大。按照先立规矩的思路，笔者认为应从三方面进行规范。一是须有权利人采用户代表声明书的方式予以明确。通过召开村民会议方式形成决议，由每户指定一人作为户主代表，并承诺代表全体家庭成员的行使确权工作中相关民事权利，对家庭内其他成员承担相应民事义务，决议形成后全体签字认可并公布户代表声明书。这种方式可以避免因家庭内部成员权属争议给确权纠纷调处产生的影响，简化了手续，降低了确权争议。二是户主代表须就确权中涉及到的一些关键问题予以明确，表示无异议。比如户主权利人签字无异议、本户家庭成员人口数无异议、本户承包地田块分布位置和登记面积无异议、本户自留地面积登记无异议、本户屋（宅）基地面积登记无异议、本户房屋建筑面积登记无异议、本户对本组公示的集体经济组织成员名单无异议、本户对本村（组）公示的集体资产登记无异议等方面。三是必须对确权结果进行公示，并要形成决议。在公示结束后，形成村民决议，农户签字确认公示结果，再次对产权归属进行固定。在公示中对确权有争议的，还应通过公示异议处理程序解决，有利于将成员内部权属争议纳入了规范化处理轨道，从而避免内部扯皮等情况的出现。

链接：老百姓关心的事情

农村产权制度改革涉及到老百姓的切身经济利益问题，在确权过程中表现的尤为明显。下面列举的问题是老百姓最关心的问题，这些问题的提出反映了广大农村群众对产权已经具备了深刻的认识。而解决的原则也完全体现了“还权赋能”的改革思想。

【问】集体经济组织的承包方之间自愿将承包土地进行互相调换的，如何确权?

【答】本集体经济组织内部成员之间互换承包地的，按互换后的地块、面积、坐落如实登记；非本集体经济组织成员之间互换承包地的，按原地块、面积、坐落进行登记。

【问】农户因合法建房，占用的承包地如何确权?

【答】占用承包地后，原宅基地能复耕，应将复耕面积减去新建房占用土地面积后，剩余的面积计入该户承包地台账，予以确权。

【问】农户中部分家庭成员身份改变（农转非、购买社保的失地农民等），农户中部分家庭成员减少（死亡、婚嫁等），其承包的土地如何确权?

【答】《农村土地承包法》规定是以家庭承包经营为基础，家庭人员的变化不改变承包地变化，应按现有承包地块、面积进行确权登记。

【问】农户全家消亡的、农户全部迁移的，承包地如何确权?

【答】根据《农村土地承包法》、《四川省〈中华人民共和国农村土地承包法〉实施办法》规定，承包期内，承包方整体性消亡的，发包方依法收回，重新发包，重新确权给新的承包农户。对于农户全家迁移的，按《农村土地承包法》第二十六条规定分情况处理：一是承包方全家迁入小城镇落户的，应当按照承包方的意愿，保留其土地承包经营权。二是承包方全家迁入设区的市，转为非农业户口的，对其承包的耕地可以不确权。

【问】山体滑坡、水毁等自然灾害，造成承包面积减少或田地不存在的，应如何确权？

【答】地块、面积不存在的不登记；如该村或社有机动地，可调整相应面积给受灾农户后，再按现实际地块、面积登记确权。

【问】承包地实施退耕还林后，应如何确权登记？

【答】承包地实施退耕还林后的地块，按《四川省〈中华人民共和国农村土地承包法〉实施办法》第十一条的规定："已纳入承包耕地管理的地块实施退耕还林工程后，原承包关系不变，由县级以上地方人民政府依法收回其土地承包经营权证，确认其林地承包权，发放林权证，纳入林地管理。"

【问】外地农户整户迁入，承包地如何确权登记。

【答】一是外地农户整户迁入，已成为本集体经济组织成员，在本集体经济组织分有承包地的，迁入农户与集体经济组织已有集体土地承包关系，应确权登记给迁入农户；二是外地农户整户迁入，成为本集体经济组织成员，并书面协议转进了其他农户的承包土地，原承包农户的土地承包经营权应终止，应给迁入户确定承包经营权；三是外地农户整户迁入，向承包农户租赁土地的，应登记确权给原承包农户。

【问】租赁、转包、入股等方式流转经营权的，如何确权登记？

【答】应登记给原承包农户。依法签订的流转合同依然有效，受国家法律保护。待确权登记结束后办理经营权流转备案。

【问】代耕户耕种他人的承包地的如何确权？

【答】土地代耕代种，发包方和承包方的承包关系不变，土地承包经营权确认给原承包户。

【问】通过依法开垦、土地整理、拆院并院等方式增加的耕地确权问题。

【答】新增的耕地用于发包给本集体经济组织成员，予以确权。

【问】进城务工人员因长期未缴纳农业税，原承包地被集体经济组织收回后又重新发包给其他承包人，若该务工人员回乡后，承包经营权的归属如何界定需要明确。

【答】以1998年第二轮土地延包和2003年《中华人民共和国农村土地承包法》3月1日实施前为分界点分阶段处理。1998年以前放弃承包地的，第二轮延包1998年至2028年不再有承包经营权，此次不予以确权。1998年至2003年3月1日间放弃承包地的，分三种情况：一是1998年至2003年3月1日期间，经集体经济组织调整过，并在承包台账及土地承包经营权证上变更过的，以变更后的状况为准；二是1998年至2003年3月1日期间承包户自行将承包地交于其他农户种植的，原则上登记给原承包户，也可由当事人双方自行协商确认；三是1998年至2003年3月1日期间农户放弃承包地，又没有委托其它农户带种的，被集体经济组织重新调整给其他农户耕种的，由集体经济组织三分之二以上的村民表决。2003年3月1日及以后放弃承包地的，按《土地承包法》规定，应该确权原承包户。

【问】由政府出资修建的农村道路，但采用的是租地而不是征地形式，或者通过政府和社会出资进行硬化和油路改造的道路，农民出资较少或未出资，如何确权？

【答】采用租用集体土地形式修建的省道、县道，土地的权属性质不变，在国家正式征收、征用后，确定为国有土地。村道、机耕道的集体土地所有权应按属地原则确定给农业合作社，使用权应确定给村委会或乡镇人民政府。

【问】河道与集体土地界线如何划分问题。

【答】按照《确定土地所有权和使用权的若干规定》（1995年3月11日国家土地管理局发布）第十一条“河道堤防内的土地和堤防外的护堤地，无堤防河道历史最高洪水位或者设计洪水位以下的土地，除土改时已将所有权分配给农民，国家未征用，且迄今仍归农民集体使用的外，属于国家所有”、

第十二条“县级以上（含县级）水利部门直接管理的水库、渠道等水利工程用地属于国家所有。水利工程管理和保护范围内未经征用的农民集体土地仍属于农民集体所有”的规定，在河道历史最高洪水位以下的土地应确定为国家所有；在河道管护范围内的土地，国家未征用的应按属地原则确定给农业合作社所有。

【问】原宅基地上房屋已灭失多年且栽种了树木，村民又在其承包地上修建了住房。如何对其宅基地进行确权？

【答】《中华人民共和国土地管理法》第六十一条规定农村村民一户只能拥有一处宅基地，若农户建房另行选址后，原宅基地应进行还耕，地上附着物仍属农户所有。

【问】是否可以以2004年新一轮的成都市土地利用总体规划的基期年为界限，确定农户的宅基地使用面积？

【答】农村宅基地确权的基本原则是“一户一宅”，即四川省《中华人民共和国土地管理法》实施办法第五十二条：“农村村民一户只能拥有一处不超过规定标准面积的宅基地。”农村村民拥有不止一处农村宅基地的，只能确认其中一处宅基地，其余宅基地确认给该集体经济组织。分四种情况确定：

> 情况一：1987年1月1日前修建的，未经拆除、改建、翻建的宅基地，按实际使用面积，以房屋滴水为界确认其集体建设用地使用权；空闲或者房屋灭失两年以上未恢复使用的农村宅基地，由集体经济组织收回农村宅基地使用权。
>
> 情况二：1987年1月1日至1999年1月1日期间内使用的宅基地，按照国家规定的农房用地标准，将集体建设用地使用权确定给农户，超出标准的部分，按照村民自治的原则，由村民小组集体讨论决定将集体建设用地使用权确定给村民小组或实际使用的农户；对于符合当地分户建房规定而尚未分户的农村村民，其现有的农村宅基地没有超过分户建房用地合计面积标准的，按现有农村宅基地面积确定为共有农村宅基地使用权，使用权面积按照

相关各方协议约定进行分摊，没有协议的按户均摊。

情况三：1999年1月1日至2004年10月31日（规划基期年）期间，农村居民建房占用的宅基地，没有超过农房用地标准的，按现状确定集体土地建设用地使用权；不足的部分，可将其实际使用的房屋附属设施、院坝、林盘等用地合并确定农村宅基地使用权，直至达到面积标准。

情况四：2004年10月31日（规划基期年）以后，农村居民建房占用的宅基地，待第二次全国土地调查市级成果汇总后，在确保全市完成耕地保护目标任务前提下，对符合规划、符合建房条件的，完善农房建设的相关手续后，按规定的农房用地面积标准确定集体土地建设用地使用权；其他的现状集体建设用地确定给集体经济组织。

【问】宅基地按滴水为界登记后，其余的院坝、林盘如何确权？

【答】对院坝、林盘地等均按农民意愿一并进行登记，宅基地、院坝、林盘地的总面积全部登记在《集体土地使用证》的“使用权面积”栏，在证积。

【问】农户在承包地上建房，其土地使用权如何确权？

【答】农户在承包地上建房，有批准手续的按“一户一宅”的原则依法确认其宅基地使用权。

【问】农转非后原宅基地如何确权？

【答】非农业户口居民（含华侨）原在农村的宅基地，房屋产权没有变化的，经该集体经济组织出具证明，办理备案性登记。房屋灭失后，土地使用权由集体经济组织收回。

【问】已发生私下交易的农村房屋宅基地如何确权？

【答】可以分为两种情况，一种是集体经济组织成员与非集体经济组织成员之间的交易，此类不予确权；另一种是本集体经济组织成员之间的交易，这种可以确权给买受人。

【问】学校、卫生站、知青点等公共设施和村级活动中心、党团活动室、敬老院等公益设施用地如何确权?

【答】这类土地的确权应分为两种情况进行处理，一是土地是由各村民小组划地集中后修建的；二是采用租地形式修建的。对于各村民小组划地集中修建的，按照《确定土地所有权和使用权的若干规定》第二十三条“乡（镇）或村办企事业单位使用的集体土地，《六十条》公布以前使用的，分别属于该乡（镇）或村农民集体所有；《六十条》公布时起至1982年国务院《村镇建房用地管理条例》发布时止使用的，有下列情况之一的，分别属于该乡（镇）或村农民集体所有：①签订过用地协议的（不含租借）；②经县、乡（公社）、村（大队）批准或同意，并进行了适当的土地调整或者经过一定补偿的；③通过购买房屋取得的；④原集体企事业单位体制经批准变更的。1982年国务院《村镇建房用地管理条例》发布时起至1987年《土地管理法》开始施行时止，乡（镇）、村办企事业单位违反规定使用的集体土地按照有关规定清查处理后，乡（镇）、村集体单位继续使用的，可确定为该乡（镇）或村集体所有。乡（镇）、村办企事业单位采用上述以外的方式占用的集体土地，或虽采用上述方式，但目前土地利用不合理的，如荒废、闲置等，应将其全部或部分土地退还原村或乡农民集体，或按有关规定进行处理。1987年《土地管理法》施行后违法占用的土地，须依法处理后再确定所有权，其使用权确定给实际使用者。对于采用租地形式修建的，则土地所有权确定给农业合作社，使用权确定给使用者”。

【问】农户自留地如何确权?

【答】对于农户自留地的确权，要根据其不同的使用方式分别处理。对于用作农房建设的，未超出按法律、法规规定的农房用地标准的，确定农户的集体建设用地使用权；超出农房用地标准的，将集体建设用地使用权确定给农业合作社。对于作为林盘地使用的，根据第二次土地调查的结果，进入农村居民点的，将集体建设用地使用权确认给村民小组。属于上述情况以外的，由农业行政部门进行登记，暂不确权。

【问】简易棚、灰圈房、牛棚等房屋如何确权?

【答】按其结构进行确权登记。

【问】农作物看守房如何确权?

【答】因果树、蔬菜等农作物看守房属于临时建筑，按照房屋登记相关法律、法规规定，临时建筑不能进行登记，所以不予确权登记。

【问】生猪养殖小区建设的房屋如何确权?

【答】生猪养殖小区建设的房舍属于生产经营用房，如果是在集体建设用地修建的，予以确权登记；如果在耕地上修建的，不予确权登记。

【问】农村的党团活动室房屋如何确权?

【答】政府投入资金建设的农村党团活动室是属于政府对基层党组织和民主建设的支持，并且房屋是建设在集体所有的土地上，集体经济组织对这种房屋享有占有和使用权，因此该房屋确权给所在地的农业合作联社。

【问】房屋跨相邻地区两交界处如何确权?

【答】首先由国土部门将土地所有权和使用权确权给唯一主体，房管部门再进行确权登记。

【问】因子女成家，原房屋居住面积不够，集体另批宅基地建房但未分户的，如何确权?

【答】先办理分户手续，再办理确权登记。

【问】农村公房转让给集体经济组织成员以后是否要进行确权?

【答】应本着尊重历史的原则，将房屋所有权确权给购买人。

【问】非集体经济组织成员但拥有农村房屋应如何确权?

【答】凡原属本集体经济组织成员，并拥有农村房屋，其后又因各种原因转变为非集体经济组织成员的，经原集体经济组织出具证明后可予以确权。

【问】“五保户”的房屋如何确权?

【答】“五保户”在世的，原宅基地上的房屋，确权给五保户。集中供养的“五保户”，确权给房屋所在地的集体经济组织。

【问】散居户将自有房屋分割给其子女，如何确权？

【答】符合分户条件的，办理分户手续后，予以确权。

【问】农户住房面积如何认定？

【答】以符合规划和宅基地使用相关规定为前提，在2000年1月25日前修建的房屋，按实际房屋面积进行确权。在2000年1月25日后修建的房屋，对未突破批准建房占地面积的，按实际建房面积确认权；对超出批准建房占地面积部分所建住房登记在附记中作批注。

【问】对个人在集体林地中造林，但未签订合同或协议的林木如何确权？

【答】国家鼓励个人植树造林。个人在集体林地中造林，按照“谁造谁有，合造共有”的政策，由林地所有者（单位）与造林个人补签造林经营合同或协议，由林地所有者和造林者共同提出林权登记申请，按合同或协议约定事项登记发证。

【问】集体经济组织内部成员由于死亡，无法定继承人的林园地如何确权？

【答】集体经济组织内部成员由于死亡，无法定继承人的，其园林地由集体经济组织收回，可以发包给集体经济组织内部成员，也可发包给其他社会主体经营，补签林木经营合同或协议，对林木予以确权颁证。

【问】在承包地上种植活立木（商品乔木）如何确权？

【答】本着确保基本农田不减少这条底线，根据国发[2004]28号、林发明电[2004]15号文件要求，对在基本农田范围栽植的林木（苗木、花卉）林业部门不予规划设计，不予任何补助，不纳入森林资源统计， 不发放《林权证》。农村居民自留地上种植林木，在确保土地性质不变的情况下，予以确认林木所有权、林木使用权，予以颁发《林权证》。农村居民承包地种植林木原则上不予以确权。

## 搭建农村产权流转平台

逐步建立城乡统一的建设用地市场，对依法取得的农村集体经营性建设用地，必须通过统一有形的土地市场、以公开规范的方式转让土地使用权，在符合规划的前提下与国有土地享有平等权益。抓紧完善相关法律法规和配套政策，规范推进农村土地管理制度改革。

——《中共中央关于推进农村改革发展若干重大问题的决定》

对农村产权进行确权登记是基础，而农村产权流转是优化配置农村资源，实现农村资源资本化，增加广大农民的财产性收入的重要举措，更是促进城乡统筹发展，破解“三农问题”的有益探索。但是必须注意的是，流转制度设计的目的是为合法的农村产权营造可以流转的气候或者环境，而不是通过制度设计要强迫广大农村群众流转农村产权流转。对于集体建设用地使用权、土地承包经营权、农村房屋、林权等农村产权流转制度的设计，应在国家现行法律政策框架之下进行，同时应结合中央文件，对一些重点问题进行创新设计。

### 重点一：创新集体建设用地流转制度

集体建设用地可以通过出让方式取得，其出让年限应与同用途的国有土地一致。农村集体经济组织将集体建设用地使用权出让（初次流转）获得的收入，在政府按相关规定收取一定比例的公共基础设施和公用事业建设配套费及耕地保护基金后归集体经济组织所有，应优先用于农民的社会保险和用于集体经济组织的再生产。转让（再次流转）的收益，土地使用者与集体土地所有者有分配约定的，从其约定，没有约定的，归原土地使用者所有。

集体建设用地使用权流转从规模和布局上可分为成片流转和零星流转，应鼓励通过土地综合整理，归并零星的集体建设用地，集中成片使用，为经济发展提供用地保障。在符合土地利用总体规划、城乡规划和产

▲ 成都市常务副市长孙平同志（左一）主持改革工作研讨会

业发展布局规划的前提下，集体建设用地经该集体经济组织三分之二以上成员或村民代表同意，可以通过使用权出让、出租（作价入股（出资）、联营形式视同出让）等方式进行流转。集体建设用地用于工业、商业、旅游业、服务业等经营性用途以及有两个以上意向用地者的，必须采取招标、拍卖或者挂牌等方式公开交易。使用权人在登记取得集体建设用地使用权后，可按规定将其集体建设用地使用权进行转让，集体建设用地用于公共公益等基础设施的可采取协议方式进行流转。

对集体建设用地使用权和国有土地使用权应按照“两种产权，一个市场，一个管理机构”的方式进行管理，目的在于实现集体建设用地与国有土地同样的身份——同地、同价、同权，进入统一的土地交易市场。应制定集体建设用地使用权市场管理办法，建立公开、公平、公正的市场环境。集体建设用地使用权流转应实行严格的最低限价（保护价）管理，凡出让或转让价格低于最低限价的，地方土地储备中心可优先储备，并对指标进行统一管理，统一调配。

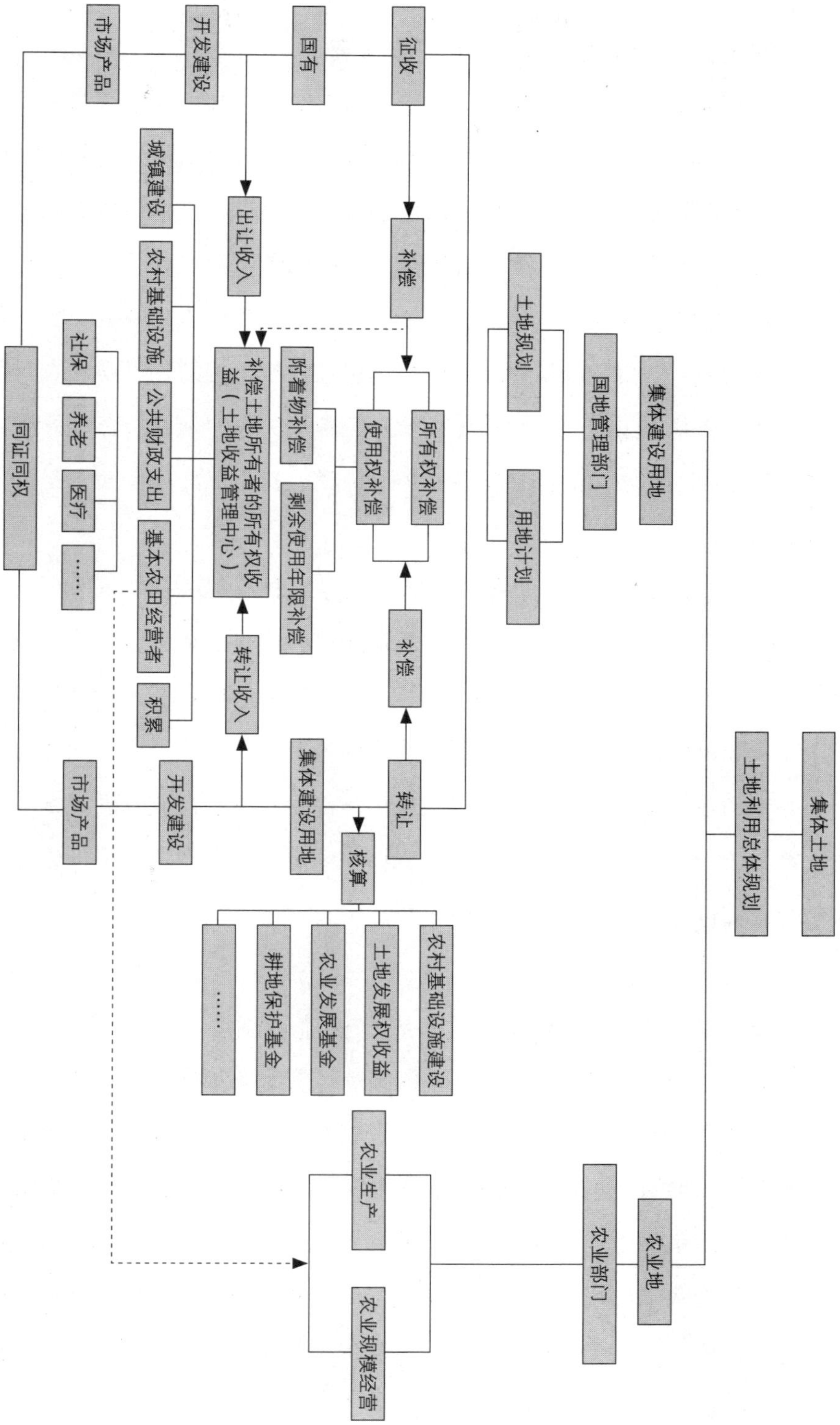

征收
国有
开发建设
市场产品
补偿
出让收入
城镇建设
农村基础设施
公共财政支出
基本农田经营者
积累
社保
养老
医疗
……
同证同权
补偿土地所有者的所有权收益（土地收益管理中心）
附着物补偿
剩余使用年限补偿
所有权补偿
使用权补偿
补偿
转让收入
转让
集体建设用地
开发建设
市场产品
核算
农村基础设施建设
土地发展权收益
农业发展基金
耕地保护基金
……
土地规划
用地计划
国地管理部门
集体建设用地
土地利用总体规划
集体土地
农业生产
农业规模经营
农业部门
农业地

### 重点二：创新集体农用地流转制度

支持采取转包、出租、互换、转让或者其他方式流转农村土地承包经营权。应成立农村产权担保公司或引入金融机构介入土地承包经营权流转过程，积极探索土地承包经营权有效抵押方式。鼓励农户以土地承包经营权组建农村土地承包经营权股份合作社，实现规模化经营。

对于农户自愿放弃土地承包经营权，可以由所在集体经济组织收回其承包经营的土地。集体经济组织可以将承包经营权流转给各级现代农业发展投资公司或其他组织。对放弃土地承包经营权的农户须给予合理补偿，对自主创业和兴办实体的，在就业、子女入学、社会保障等方面享受与城镇居民同等权利。

还应完善服务机制，创新服务方式，建立土地承包经营权流转项目储备中心，畅通土地承包经营权流转供需信息。对农村土地承包经营权流转给集体经济组织以外的，应通过依法设立的农村土地承包经营权流转市场，在土地流转合同签订前对受让方的资信情况、经营能力、履约能力以及拟经营的项目是否符合国家法律法规环境保护政策，产业发展规划和区域政策、项目效益风险等进行审查。积极探索组建政策性农村土地流转担保公司，促进土地流转，保护农民利益。

### 重点三：建立城乡统一的房屋产权流转制度

对于农村房屋产权的流转，现行的法律法规及政策做了严格的限定，在一定程度上影响了农村房屋产权的流动性和农村资产向资本的有效转化。为此，需要对在法律框架下促进农村房屋流转方面进行探索。笔者的思路是在保障集体建设用地合法性的前提下，集体土地上房屋产权流转可以通过三种形式来实现，包括转让（包括买卖和赠与）、抵押、租赁（联建）等。村民转让其宅基地上房屋，应当提交集体经济组织同意转让的证明材料，受让人须为本集体经济组织成员，并需交纳一定比例的土地使用费将宅基地转变为集体建设用地。对于经市、区（市）县人民政府批准修建的农民集中居住区房屋，参照划拨土地补交出让金标准向土地所有权人交纳相关费用后，可以自由上市流转。第三，村民可将其取得的宅基地在符合村庄规划、风景名胜区保护规划，并由规划部门出具规划意见的前提下，与他人进行房屋联建。农民取得房屋的所有权，另外一方根据约定使用联建房屋的，可视为租赁。

同时，还需要对农村房屋的抵押进行研究，探索村民将其合法取得的房屋作为担保向农村信用合作社或提供农村信贷服务的商业银行申请抵押贷款的有效渠道。考虑到农村房屋实现抵押时要保障农民有房住的问题，一定要考虑设计“公共住房制度”，通过不断丰富城乡住房保障体系的方式来保障农民的居住问题。

### 重点四：推进集体林地、林木使用权、所有权流转

需要明确集体森林、林地、林木所有权和使用权流转范围，在确定范围内放宽、放活流转，实现出租、转让、转包流转自由上市交易，促进林业要素市场化建设，积极引导林农壮大集体经济组织实力，让集体经济组织成员获取最大效益，促进和谐农村建设。重点是如何规范苗木（活立木）流通管理运行系统，培育和建立木竹材、苗木市场，从源头保护森林资源规范经营行为。

### 重点五：建立农村产权流转有形市场

要统一建立农村产权流转有形市场，集中统一管理，定期发布信息。设立集体建设用地、农村房屋、土地承包经营权、集体林权等流转服务窗口，专项办理农村产权流转业务。要引进评估、中介、金融、税务、法律事务所等服务机构，为农村产权的流转提供“一站式”的服务平台。

## 创新耕地保护制度

坚持最严格的耕地保护制度，层层落实责任，坚决守住十八亿亩耕地红线。划定永久基本农田，建立保护补偿机制，确保基本农田总量不减少、用途不改变、质量有提高。

——《中共中央关于推进农村改革发展若干重大问题的决定》

为实现农村产权制度改革的三大任务之一“建立耕地保护制度”，“确保基本农田总量不减少、用途不改变、质量有提高”。确权工作使农村耕地的产权得到确认，而耕地保护制度的目标是要落实耕地保护责任到集体经济组织和农户，而建立利益激励机制是促进农户保护耕地的重要措施。应建立耕地保护基金，将耕地保护的目标落到实处。

链接1：《成都市耕地保护基金使用管理办法（试行）》

耕地保护基金按照“统一政策，分级筹集”的原则，由市和区（市）县共同筹集。其主要来源包括：每年市、区（市）县两级的新增建设用地土地有偿使用费；每年缴入市、区（市）县两级财政的土地出让收入的一定比例的资金。以上两项不足时，由政府财政资金补足。

根据全市耕地质量和综合生产能力，通过农村产权制度改革所进行的耕地调查，对耕地实行分类别保护与补贴。基本农田：400元/亩·年；一般耕地：300元/亩·年。通过耕地保护责任人与区（市）县政府签订《耕地保护合同》，对耕地保护的地块、面积、类别、期限和补贴资金及违约责任等内容进行约定。耕地保护基金的使用方式有三种：耕地流转担保资金和农业保险补贴；承担耕地保护责任农户的养老保险补贴；承担未承包到户耕地保护责任的村组集体经济组织的现金补贴。

每年提取当年划拨的耕地保护基金资金总量的10%，用于对全市范围耕地流转担保资金和农业保险补贴。引导和鼓励农民积极参加养老保险，完善

▲ 第一批拿到“五证”的幸福村民

农民养老保险体系，并逐步实现城乡养老保险接轨，为农民向城镇转移创造条件。以耕地保护补贴标准为依据，扣除耕地流转担保资金和农业保险补贴后，农民所获得的耕地保护补贴首先用于其购买养老保险。为符合参保条件的每个农民建立养老保险个人账户。每户养老保险补贴由符合参保条件的家庭成员平均分享。每户符合参保条件的人数出现增减情况时仍然平均分享；家庭参保成员有符合养老金领取条件并已开始领取的，其原养老保险补贴由其他家庭参保成员平均分享。

链接2：颁发“五证两卡”，签订耕保合同

2008年4月8日，在都江堰市柳街镇鹤鸣村村委会，成都市农村产权制度改革首个试点村——都江堰市柳街镇鹤鸣村举行“农村产权颁证暨耕保合同签定仪式”。都江堰市财政局、国土局、房管局、农发局、林业局、社保局联合办公，为鹤鸣村第八农业合作社颁发了集体土地所有权证，向八社全部61户颁发了集体建设用地使用权证、房屋所有权证、土地承包经营权证和林权证等证书，并向全部农户发放了耕保卡和社保卡。都江堰市国土局与鹤鸣村八社农户签订了耕地保护合同。

## 改革配套政策

### 重点一：创新基层民主政治建设和基层治理结构建设

农村基层民主政治建设和基层治理结构建设是农村产权制度改革的关键配套政策，要围绕农业合作社权利的实现、农村资产的管理主体、管理内容进行创新性的制度设计。

在基层民主政治建设方面，可以尝试从两个方面进行探索：一是建立议事会和监事会制度，完善村内治理结构。每个农业合作社可以成立由组长及村民代表组成的调解小组，负责处理本组内部争议；在村一级可以成立由村干部及村民代表组成的议事会，负责处理本村内部对集体财产归属的争议。同时，结合农村亲缘社会的特征，可以寻找村内有威望的年长村民组成督查组，行使类似于监事会的职能，对全村改革过程进行监督。二是制定村规民约和议事规则，在农村建立“诚、信、责、义”体系，“诚”就是要诚实，“信”是要大家守信用，“责”、“义”是要大家知道在享受权利的同时还要承担一定的责任和尽一定的义务。三是可以制订“村规民约”来实现对村民行为的约束。在这里应该特别强调的是“村规民约”的重要作用。首先，“村规民约”具有注重集体的传统，很多规则都强调通过协调维护群体的利益。在农村产权制度改革中，因为权利回归，村民滥用权利以寻求个人利益的无限扩张的情况客观存在。用村规民约中的集体观念来约束产权制度改革中的村民行为，使村民意识到个人利益的扩张会以牺牲其在集体中的信誉为代价，增加其权利滥用的边际成本，可以在一定程度上防止滥权现象的发生。其次，“村规民约”有强调诚实信用、善良朴实风俗习惯的作用，可以帮助引导村民在享受权利的同时自觉承担一定的义务。“村规民约”是在中华民族传统文化的历史背景下产生和发展起来的，它吸收和传承了中华民族在道德、道义方面的优秀文化传统。善良朴实、诚实守信正是这种精华的体现，蕴含了村民在行使个人权利时不能影响他人行使权利的法律理念和维护社会利益的观念，并支持了权利义务相统一的法律原则。因此，在一定要将"村规民约"的制定、完善和执行作为改革的一项重要内容。

▲ 绘制集体土地产权权属关系图（鱼鳞图）

农村集体经济组织与村两委的职能如何划分、职责定位、相互关系是改革的重点。从我们现行的各项法律政策来看，村党支部是村级各种组织和各项工作的领导核心，工作职责应是实行思想、政治和组织领导，督促村民委员会向全体村民负责，督促合作社向全体社员负责，尊重和落实村民的民主权利，并教育引导村民支持村民委员会工作。而村民委员会是村民自我管理、自我教育、自我服务的基层群众性自治组织，在法律和政策范围内，处理本村的公共事务和公益事业，尊重集体经济组织依法享有的经营自主权。集体经济组织承担经济职能，负有经营和壮大集体经济实力的义务，负责管理属于本集体经济组织农民集体所有的土地和其他财产，支持和组织村民依法发展各种形式的合作经济和其他经济，保障集体经济组织和村民的合法财产权和其他合法权益。

## 重点二：社会保障体系建设

社会保障体系建设是农村产权制度改革制度建设的有机组成部分，在实践中，笔者认为应该通过六个方面来加强社会保障体系建设。一是制定鼓励农民进城配套政策，加快农民向城镇集中，推进城乡统筹发展。二是完善农村廉租住房、经济适用房和限价商品房的保障制度。三是推进新型农民养老保险，扩大进城务工农民综合社会保险覆盖面。四是进一步完善农村医疗保障体系，提高新型农村合作医疗的补贴标准和待遇水平，逐步实现城乡居民医疗保障水平基本一致。五是建立健全覆盖城乡的促进就业长效机制，完善就业及救助等社会保障体系，扩大农业保险基金使用支出范围，促进实现城乡比较充分就业，逐步缩小城乡居民最低生活保障水平的差距。六是建立放弃农村土地（耕地、林地）经营权的就业、养老保险机制，逐步实现城乡资源流动自主化。

**重点三：建立完善融资保障体系**

融资保障体系建设是建设农村产权流转环境，搭建流转平台的关键，笔者认为可以通过四个方面来建立完善农村产权融资保障体系。一是建立农村信用体系。以乡镇为单位，建立农户信用信息档案，强化农民的信用意识，对诚实守信的农户，金融部门可按规定提高信贷额度。二是建立价值评估体系。建立科学的评估体系，合理评价农村产权的价值。集体建设用地、农村房屋、土地承包经营权、集体林权在流转时，可委托评估中介机构对其价值进行评估，并根据评估机构出具的评估报告作为转让、抵押时的价值参考依据。三是完善金融服务体系。积极探索通过创新金融部门不良资产处置办法，实现有效化解农村产权流转信贷风险的新思路。四是降低流转风险。采取政府扶持与农民投保相结合的方式，由政府提供必要的财政支持，鼓励商业性保险公司结合当地农村实际，开展政策性和商业性相结合的农业保险业务。

## 农村产权制度改革的实效

2008年5月12日，四川汶川里氏8.0级地震给广大人民群众的生命财产造成了巨大的损失。都江堰市是此次地震的极重灾区，房屋倒塌严重。都江堰市的向峨乡、虹口乡、大观镇、青城山镇等，农村房屋损毁达90%以上，广大农村群众安居的问题成为灾后重建的首要问题。灾后农村住房重建需要大量的资金，“钱从哪里来”，仅靠政府的救助难以解决。这也为检验农村产权制度改革成果提供了很好的契机，通过农村产权来融资，获取重建资金的思路开始被用于灾后农村住房重建，而这一思路取得了意想不到的效果。

## 灾后重建九种模式体现改革实效

**→ 向峨乡模式：“指标换住房”**

向峨乡地处都江堰市偏远山区，受灾群众普遍经济收入单一，生活条件艰苦，要在短期内实现重建具有较大难度。为此，都江堰市结合其资源市场价值低、配套不完善、资源丰富的特点，由成都市国土资源局作为项目主体，通过土地综合整理，集中修建住房安置灾民，腾出多余集体建设用地指标。农民通过宅基地产权置换新居住房所有权和使用权、基础设施配套和产业发展等多项权利。向峨乡按照该模式规划建设16个“统规统建”安置点，占地面积581亩，计划安置4210户。目前，已动工10个点，可安置2481户。特色产业猕猴桃、茶叶、三木药材、笋用竹四个“万亩工程”也得以顺利建设。

**→ 大观镇茶坪村模式：运用“联建”政策，实现一、三产业互动**

大观镇茶坪村运用“联建”政策，发挥本地生态旅游优势，引入社会资金，开展灾后重建。联建方在为农户建好房屋后，农户将宅基地流转给联建方建设休闲度假“乡村酒店”，部分联建户还将农户多余的房屋租赁用于发展乡村旅游。目前，引入社会资金协议联建的农户近50户、通过社会资金介入利用“拆院并院”项目进行“统规统建”的有45户、对原有房屋进行加固维修的有52户。外地的贺先生与一组7户人家进行整体联建，建成后，农户将利用空余房屋与联建方合作进行“乡村酒店”经营。

**→ 大观镇红梅村模式：创新集体建设用地流转办法，实现集体建设用地资本化**

大观镇红梅村为加快重建，采取“迂回战术”，创新集体建设用地流转办法，成功实现全村受损房屋重建。即通过村民大会，约定变更后的集体建设用地，按每户130平方米的面积用于村民“统规自建”，节约的宅基地以每亩10万元、空闲宅基地以每亩6万元全部转让给集体经济组织，并以集体经济组织名义向国土部门申请土地综合整理，通过“土地整理”和产权流转实现灾后重建。目前，全村22户受灾严重农户已将节约的43.5亩集体建设用地使用权出让给集体经济组织，并成功将集体建设用地流转给四川凌杰实业有限公司进行生态旅游项目开发。项目完成后，企业将再流转200余亩农用地发展农业产业化项目。

**→ 大观镇场镇及附近村模式：“期权－现房”，突破规划区内重建资金难题**

大观镇将灾后重建与旅游小集镇建设有机结合起来，在市镇两级政府的主导下，通过“期权—现房”方式，实现灾后重建。主要步骤为：一是融资，通过对农民集体建设用地的预期收益进行套现，储备收购农民集体建设用地并将指标落地到大观镇场镇安置区，从而成功实现重建融资；二是协议协商，与村集体经济组织协商并签订安置协议，约定相关内容；三是立项实施，将零星宅基地产权置换到符合规划的城市规划区内进行储备，对参加该模式的村民确定安置点、用地规模并启动安置房建设；四是交房安置，所建房屋参照商品房开发建设达到预售条件下，村民可自愿根据需要选择购置的房屋，并履行原宅基地的清场腾地手续；五是交易变现，等经济恢复后，将储备的集体建设用地再上市交易；六是结算，按照协议的约定，以三年后的市场交易价格进行结算，不足部分政府托底，超过部分扣除政府分成和集体收益后归村民所有。

**→ 青城山镇味江村模式：借用“零星集体建设用地整理”，企业、村民实现双赢**

青城山镇味江村十二组引进北京昊海立德科技有限公司，对味江村十二组进行零星集体建设用地整理和产业开发，通过土地流转集中使用，建设农民集中安置区和生态旅游度假项目。项目按照人均住房面积不低于35平方米的标准安置农户，农民集中居住后可节余20余亩集体建设用地用于项目开发，再流转300余亩林地、耕地用于配套景观用地，有效解决了农户灾后重建和长效增收两大难题。

**→ 青城山镇石桥村模式：建设“新型社区”，受灾群众既安居又乐业**

青城山石桥村采取“社会资金开发重建”的方式，由村民通过比选形式选择了成都贯中房产有限公司作为社会投资方进行“新型社区”建设。由投资方出资修建统规统建的“新型社区”，配套社区活动中心、幼儿园、警务室、卫生所等用房，经营性用房包括少量超市等商业铺面，主要建设为院落形式的乡村客栈、青年旅社和度假公寓，经营性用房由社区统一经营。凡自愿进入“新型社区”集中居住农户，按照人均40平方米现房安置，3平方米经营性用房股权安置。

在具体推进过程中，按照“先建设、再安置、后拆迁”的原则，由投资方建设“新型社区”，交由村两委分配安置，村民入住后再拆除原旧房。宅基地退耕还林后，按照总量不变、增减平衡的办法将节约的集体建设用地流转给投资企业用于产业开发项目建设。企业再流转全村耕地、林地等作为产业开发项目配套用地，村民从受灾群众转变为收租地主和产业工人，从而成功实现灾后重建，并使村民实现真正意义上的生产生活居住方式的根本转变。

**→ 青城山镇泰安村A模式：产权“抵押贷款”，增添重建和发展强大动力**

青城山镇泰安村地质灾害评估安全区域，大部门受灾农户要求原地重建。但大多数农户均希望建设“商住一体”旅游接待经营性房屋，除国家政策性补贴每户2万元和灾毁重建6万元的贴息贷款外，广大重建农户重建资金缺口还很大。

为此主要通过以下两种方式解决了原址重建农户资金缺口：

一是镇政府规划部门在审批办理重建手续时，明确其商业和住宅房屋建筑面积。其中，商业用房重建的规划及建设手续（规划建设许可证或开工许可）可作为抵押凭证给担保公司抵押，向金融部门申请商业贷款，用于补充政策性贷款不足的缺口。待房屋建成后分别给农户办理商业和住宅的房产证，再交担保公司。

二是由建房户先行自筹部分建设资金，用于主体工程建设，待主体工程竣工后，由建设部门验收合格后即为农户分别办理商业和住宅的房屋所有权证，用房产证向金融机构抵押贷款，贷款用于完成后续内外装等工程。今后农户用经营性收入偿还贷款，政府可根据还款情况按规定给予还贷贴息。

**→ 青城山镇泰安村B模式：通过“大地变小地”方式，解决统规统建资金难题**

由于地质灾害搬迁避让，青城山镇泰安村十一组20余户农户和泰安村八、九组30余户需集中迁址异地重建。由于迁址重建涉及对建新安置区占用土地进行补偿，加上安置区基础设施建设和房屋重建经费，依靠户均2万元建房补助或每户1万元的地质灾害避让补助是无法解决重建资金难题的。为此，都江堰市以农村产权制度改革确权登记为基础，锁定避让区集体建设用地总量，将部分集体建设用地指标置换到区位条件好的地块流转出让，用流转出让收益补贴农户安置房建设和安置区基础设施建设等。

**→ 紫坪铺镇沙湾村模式：“产权融资”，群众开创联建新路子**

沙湾村一组组长孙远洪，从1999年退伍后就回到了老家紫坪铺镇沙湾村，过着普通的农家生活，全家收入一年不过一两万元。地震摧毁了这个家唯一的房子住房。当了解到成都市农村产权制度改革与灾后重建结合的政策后，他与12位联建投资者达成协议，联建方每位出资5000元，总计60000元获得孙远洪180㎡宅基地40年的使用权，12位联建方出资在此宅基地上修建一幢3层小楼，共12套，每户40余㎡，皆是带独立厨房、卫生间和卧室的小户型，而紧邻这幢小楼110㎡的宅基地上则是孙远洪自己的小楼。宅基地的土地使用权和房屋所有权都归孙远洪所有。40年后，12位联建方修建的小楼使用权归孙远洪。12位联建方共同出资修建的房屋建成后，各自完成装修。每年每户将交给孙远洪800元的管理费。对于联建方来说，40年每户大概会出资55000元左右用于获得房屋使用权和修建，再用32000元交与孙远洪管护房屋，不到90000元，就可以坐拥40年“山水”，享用自己的“乡间别墅”。

## 千亩农用地流转

2008年8月30日，吹响成都市农村产权制度改革第一声号角的柳街镇

▲ 深入农户 调查摸底（左二为作者）

鹤鸣村签订了千亩农用地流转协议。都江堰市通达生态农业有限公司与鹤鸣村农业合作联社在2008年6月1日草签了农用地流转协议，8月30日，流转协议正式签订。通达生态农业公司计划租用鹤鸣村第一、第二、第三、第八、第九、第十农业合作社集体农用地共计1100亩，用于种植无公害蔬菜。目前，都江堰市农村发展局正在对流转涉及的农户承包地面积进行公示。按照双方初步签订的流转合同，流转的农用地每亩每年按850斤大米计算租金，每5年向上调整一次租金水平。为合理解决双方关于承包面积与实测面积之间差异认定的问题，鹤鸣村通过在农村产权制度改革中制定的村规民约来解决。具体做法为：第一步，各农户与对应的农业合作社按照此次农村产权制度改革中颁发的《土地承包经营权证》记载面积签订流转协议；第二步，农业合作社与农业合作联社签订委托流转协议，委托流转农用地面积以实测面积为准；第三步，由农业合作联社与通达生态农业有限公司签订土地流转协议，流转面积按土地实测面积计算。通过三次协议约定，通达农业生态农业有限公司支付的租金为实测面积的租金。

对农户实得租金的问题，鹤鸣村按照村规民约，约定两种支付方案：方案一，对于农用地整体流转的农业合作社（实际发生的为鹤鸣村第一、第二、第九、第十农业合作社），农户按照承包证记载面积获得相应租金收益，实测面积比证书记载面积多出来的收益部分，经农业合作社召开社员代表大会讨论，优先在新生儿和有户无地人员中分配；方案二，对于农用地部分流转的农业合作社（实际发生的为鹤鸣村第三、第八农业合作社），流转土地的农户将按农用地实测面积获得收益，待整个农业合作社农用地全部流转后，按方案一确定的方式进行分配。鹤鸣村千亩农用地流转协议的签订拉开了农村产权流转的序幕，柳街镇相继有私营业主与集体经济组织开始签订流转协议，加快农业规模化经营。鹤鸣村第六、第七农业合作社的非洲菊项目流转农用地60亩，龙安村第四农业合作社流转25亩农用地、双凤村第九农业合作社流转70亩农用地用于苗木种植，星星之火已有燎原之势。

## 创新农村土地经营的“彭州模式”

在推进农村产权制度改革过程中，彭州市创新农村土地经营模式，成立“农业资源经营专业合作社”。即在农村宅基地使用权、林地经营权、土地承包经营权确权颁证的基础上，采取村民自治、政府扶持、市场运作、合作经营的方式开展集体土地使用权存贷经营，发展乡村产业。

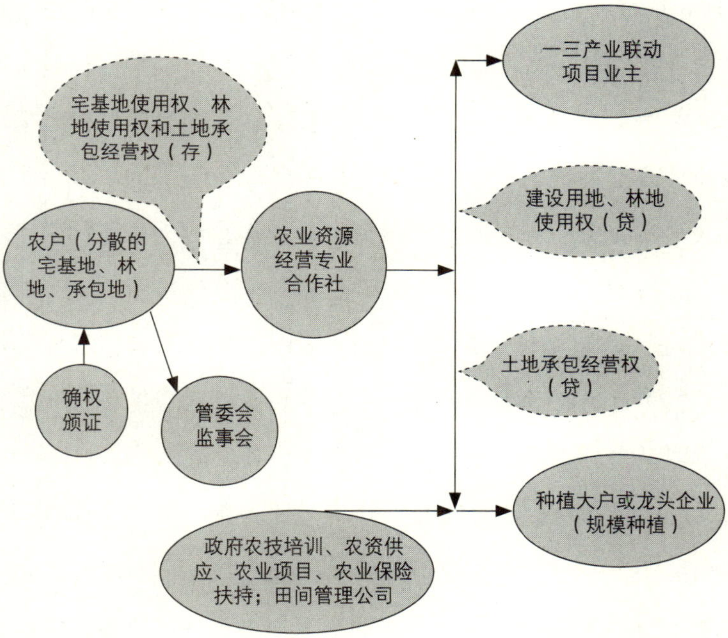


此模式有五个特征：

其一，确权颁证，奠定基础。对农村宅基地使用权、林地使用权、土地承包经营权等各项权属进行确权颁证，明晰权属。

其二，零存整贷，规模经营。农户将空间和产权分布零散的宅基地、林地、农用地等使用权存入农业资源经营专业合作社（以下简称合作社），合作社按照一定的价格给付农民租金（土地存款利息），再根据当地产业发展规划和市场需求成片出租给（贷出）项目业主或种植大户。项目业主或种植大户付给合作社土地租金（土地贷款利息），合作社通过利息差获得收益。

其三，政府引导，全力扶持。一是帮助农业资源经营专业合作社寻找项目业主，确保农村宅基地、林地、承包地等资源能够实现市场价值；二是提供农业基础设施建设项目、农技培训、农资供应、农机具购置补贴、农民转岗就业培训等政策性扶持；三是鼓励成都市农业投资公司、小城镇投资公司、农业担保公司、保险等公司积极介入，实施项目开发或农业保险服务；四是培育和发展田间管理公司，为种植大户提供农业社会化服务。

其四，村民自治，民主管理。入社（行）社员通过举行社员大会和代表大会，民主选举产生自己的理事长（行长），组建合作社管理委员会和监督委员会（该管委会和监委会可以与村集体经济组织的议事会和监事会实行一套人马一套班子，农业资源经营专业合作社成为村集体经济组织下属的一个专门机构），制定《农业资源经营专业合作社章程》，明确相互的责任和义务，确定土地使用权存入、贷出、收益分配、监督管理等制度。入社（行）社员必须为集体经济组织成员，其身份的确认，由集体经济组织全体成员自己规定截止日期，生不添，死不减。

其五，市场运作，业主“唱戏”。承包地经营方面，合作社与龙头企业签订种植面积、产品要求和最低保护价的总协议，同时又与种植大户签订土地借贷协议和种植订单协议，由种植大户进行适度规模经营，并将产品卖给龙头企业，龙头企业在品种、技术、农资等方面通过农业资源经营专业合作社为种植大户提供服务，确保产品质量安全。在没有龙头企业的情况下，可以组建田间管理公司，对种植大户提供农业社会化服务。

彭州市的创新土地经营模式有五大好处：

第一，有利于促进土地集体化经营。农业资源经营专业合作社作为村集体经济组织的具体存在形式，本身拥有村集体土地（包括建设用地）的所有权和经营管理权益，但并不是简单地将农民的宅基地、林地、承包地等权益收归集体，而是农民在确权颁证的基础上，将权属按一定价格流转给（存入）合作社，合作社再根据产业发展规划，将承包地成片划块转包给种植大户，将宅基地和林地等资源进行包装，打捆贷给业主进行开发经营。通过这种模式，合作社可获得存贷利息差收益、承包地实测面积与台账面积差收益、服务费等三方面收入，集体经济得到发展壮大。同时也为开展更高级形式的土地使用权股份化、证券化经营奠定了基础。

第二，有利于促进土地规模化经营。农户以社为单位将承包地存入合作社后，合作社根据全村农业产业发展规划和种植大户的种植需求，将土地划块贷给种植大户，统一从事规划的产业，从而实现规模化经营。

第三，有利于促进土地集约化经营。在土地规模经营的基础上，乡镇和农业主管部门按照该村产业发展规划，统一包装农业项目，对土地进行成片整理，实施道路、沟渠整治、节水灌溉工程等，集中成片地改善农业生产条件，同时，在农技培训、农资供应、农机具购置上进行扶持，从而实现土地集约化投入和经营。

第四，有利于促进农业生产方式转变。

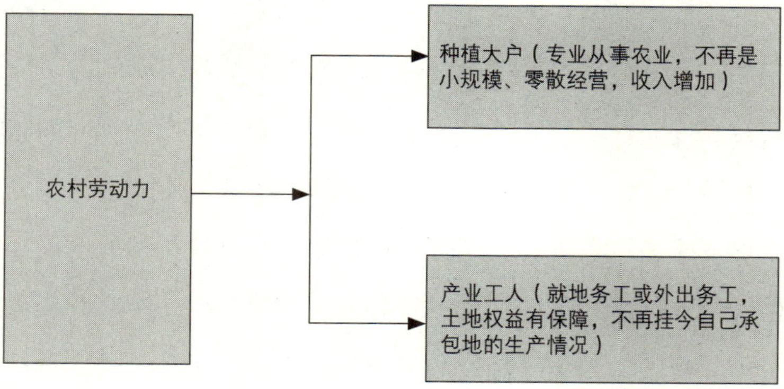


第五，有利于农业项目的加快推进。一方面，土地规模经营后，农业项目的实施减少了与单家独户特殊利益的冲突，能够快速推进。另一方面，由于对优势资源进行了统一规划和包装，一个项目的实施有可能实现多重功能，更能体现项目的价值。

## “小业主大园区”模式

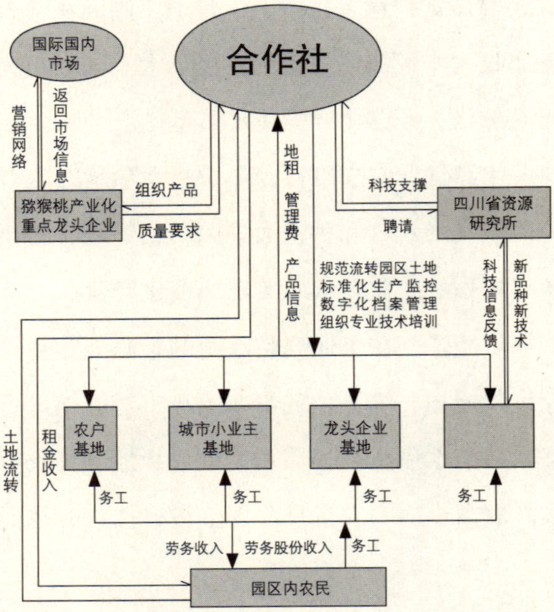


在对农用地进行确权的基础上，为推动当地农业产业化进程，发展农业适度规模经营，都江堰市、新都区、新津县、大邑县等四个区（市）县探索采用“广招小业主，共建大园区”的模式，推动农村集体农用地流转。以目前运作较为成熟的都江堰市胥家镇猕猴桃产业园区为例，其运作机制是：首先，结合农村产权制度改革，成立胥家金鑫猕猴桃合作社，由合作社按照都江堰市农业产业规划确定的区域开展土地流转工作，充分运用改革过程中建立的农村基层民主制度，共同商议当地农业产业发展大计。其次，合作社作为产业园区建设和发展的纽带，负责四个方面协调工作，即协调龙头企业、城市小业主、土地流转服务和技术服务，形成了通过市场建立利益连接机制，在分户种植的基础上实现了规模经营和“五个统一”，即统一基础设施建设、统一生产物资供应、统一生产标准、统一技术指导和统一市场信息服务。目前，合作社已与1300多户签订流转合同，流转面积6100亩。合作社将流转的面积按每20亩为一个小区，向社会招募业主，业主以小区为基本单位与合作社签订用地协议，现有152位业主，最大规模业主投资16个小区。

## 改革要过市场关和民主关

实现农村发展战略目标，推进中国特色农业现代化，必须按照统筹城乡发展要求，抓紧在农村体制改革关键环节上取得突破，进一步放开搞活农村经济，优化农村发展外部环境，强化农村发展制度保障。要稳定和完善农村基本经营制度、健全严格规范的农村土地管理制度、完善农业支持保护制度、建立现代农村金融制度、建立促进城乡经济社会发展一体化制度、健全农村民主管理制度。

——《中共中央关于推进农村改革发展若干重大问题的决定》

“中国改革要过两关，一个是市场关，一个是民主关”，“用市场经济激励群众，用民主政治团结群众”。这是享誉中外的中国著名改革家和“三农”问题专家——杜润生先生反复强调的一个主题。按杜老的话来讲，“所谓用市场制度激励群众，是指经济增长要靠发展生产，而发展生产需要一个自由竞争的环境。市场经济就是竞争经济。市场交换是人类社会内生性、自发性经济现象。市场具有评价产品稀缺性的功能，按供求状况给出价格信号，引导资源配置走向合理，从而为生产者带来收益产生激励作用”，与市场经济并行，还要用民主政治来团结群众。因为人民的要求不完全是经济上的，他们还要求自由选择，要求参与管理政事，要求提高文化素养。我们的国家是以劳动人民为主的民主共和国，国家重大决策要由人民做主。人民群众是自然人，也是社会人，个人发展必须依赖社会发展，而个人自由发展又是全人类自由发展的前提。一个民主国家要为人民群众创造一个自由民主的环境，鼓励人民群众自求解放。同时又要把各方面的意见统一起来，最后形成一个统一的意志，形成法制秩序，形成共同“游戏规则”[1]。

在这里让人感到欣慰的是，我们现在所推行的农村产权制度改革正是对杜老这一理论的伟大探索。这一年来的改革实践证明，农村老百姓对农村产权制度改革拥有极大的热情，对自己财产的重视程度远远超出了我们的想象。地震是一场巨大的灾难，然而地震重建中农村产权在融资方面发挥的巨大功用却让老百姓更加拥护我们这次改革。如今，我们的改革取得了一些成效，以这些成效作为基石，我们看到了深化农村产权制度改革的一些新的方向。

确权工作让广大农村群众的财产有了身份证，具备了实现产权交易的合法性，然而如何消除交易的风险性，使农村产权可以像城市产权一样自由地参与市场经济，仍然需要做很多工作。具体来看，还要继续深入抓好就业保障、社会保障、住房保障等配套改革措施，为农村产权在市场经济作用下有序流动创造良好的条件。随着农村产权流转交易的日益频繁，农民的财产性收入的增加，新的经济组织的不断成长，必然对基层治理结构和基层治理方式提出新的要求，完善基层治理机制或将成为改革的重点。

农村市场的培育完善过程必须要求向更大范围扩张，尤其是城市应尽快纳入城乡一体的大市场体系中，而过去我国的市场是依托城市建立和形成的，显然不能完全适应农村这样一个广阔新兴的大市场，所以，农村产权制度改革进行到一定程度时，需要对城市中与农村产权市场不适应的内容进行改革，实现两个市场有效对接并最终走向融合。我们必须认识到，改革只是手段，而发展才是最终目的。不能孤立地看待改革，要将改革放在统筹城乡发展、推动农业产业化发展、推动社会主义新农村建设、实现城乡一体化发展的大背景中来考虑。

## 注释

1. 张敬东，《杜润生：改革要过“市场关”和“民主关”》，农民日报，2008.12.25。

## 写在最后

追古思今，中国农村产权制度所遭遇的当代困境，令人触目惊心，心情沉重！而沉重之余又不免会引发我们对现行的中国农村产权制度予以充分的反思，反思又必然会落实到对这一制度的美好憧憬之中。而这又是一个需要系统回答的问题。在这庞大的答卷中，我想有一点是肯定的：要改变中国农村产权制度的当代困境，期待着我们去不断地制度创新！而创新的过程既是对原有制度形式与内容上的双重改造，也是融技术与艺术于一体的过程。而这些又完全是当代中国国情的现实要求。因此，笔者试图像一位建筑师那样，既搭起这一制度未来的宏大基本框架，又觉得有必要客串泥瓦匠的角色去装饰其中的每一个房间。而当我完成这些任务的时候，我竟发现这是一项多么有意义的工作！因为，“窥一斑而知全豹”，至少我使每一位读者通过农村产权制度的创新实践，实现了当今社会最为关注的热点话题——“三农”问题的探索，**也进一步印证了改革农村产权制度，在农村建立与市场经济相适应的现代产权制度，实现城乡产权制度的对接，正是当前统筹城乡发展、实现城乡一体化发展的重点领域和关键环节。**“曾经沧海难为水，除却巫山不是云”，笔者的这点笔墨不值得一谈，但愿笔墨中的努力会让亿万农民兄弟在中国农村产权制度的不断创新与发展中受益！

# 参考文献


1. 陈伟，樊淑敏，《后土信仰的嬗变及其生态意义》，《江西社会科学》，2007（5）。
2. 陈建设，原玉廷，《农村土地制度建设研究》，北京：中国大地出版社，2000.4。
3. 乌廷玉，《中国历代土地制度史纲（上）》，长春：吉林大学出版社，1987。
4. 魏天安，《从模糊到明晰——中国古代土地产权制度之变迁》，《中国农史》，2003（4）。
5. 张维华，《试论草委屯田于西晋占田上的某些问题》，《历史研究》，1956（9）。
6. 柳春盼，《论占田制下的生产关系》，《史学集刊》，1957（9）。
7. 魏收，魏书，《食货志》卷一百一十，中州古籍出版社，1996。
8. 唐有东，《利润与私有制经济问题》，中国财政经济出版社，2004.3。
9. 中共中央党校党史教研室选编：《中共党史参考资料（三）》，人民出版社1979年版。
10. 陈海秋，《改革开放前中国农村土地制度的演变》，《绥化师专学报》，2003（3）。
11. 毛泽东，《毛泽东文集》（第6卷），北京：人民出版社，1999。
12. 田纪云，《回顾中国农村改革历程》，《炎黄春秋》，2004.（6）。
13. 王在华，《嵖岈山曾建中国首个人民公社，今成旅游基地》，《东方今报》，2008.4.18。
14. 叶贤，《小岗村“大包干”30年》，《中国报道》，2008.2.20。

15. 托达罗，《经济发展与第三世界》，中国经济出版社，1992。

16. 罗必良，《政府、市场及意识形态》，香港：中国数字化出版社，2003。

17. 《邓小平文选》第3卷，人民出版社，1993。

18. 潘春尚，陈晓文，《农地流转秩序的思考》，《现代法学》，1997（1）。

19. 马金强等，《我国农村集体土地所有权分析》，《黑龙江省政法管理干部学院学报》，2004（1）。

20. 王卫国，《中国土地权利研究》，中国政法大学出版社，1997。

21. 蒋月，《农村土地承包法实施研究》，法律出版社，2006。

22. 毛科军，《中国农村产权制度研究》，山西经济出版社，1993。

23. 孙宪忠，《确定我国物权种类以及内容的难点》，《法学研究》，2001（1）。

24. 韩松，《论集体所有权的主体形式》，《民商法学》，2001（3）。

25. 张全印，李代福，《浅谈农地三元所有制》，《中国土地》，1999（9）。

26. 丁关良，《农村集体土地所有权主体与权利行使主体的探讨》，《中央政法干部管理学院学报》，2000（3）。

27. 王卫国，王广华，《中国土地权利的法制建设》，中国政法大学出版社，2002。

28. 姚洋，《中国农地制度：一个分析框架》，《中国社会科学》，2000（2）。

29. 温铁军，《“三农问题”的世纪反思》，《经济研究参考》，2000（1）。

30. 田永胜，《 还有多少地留与子孙耕》，《光明日报》，2004.4.19。

31. 刘海明，刘世强，《“新土地革命”：挑战国法权威？》，《光明观察》，2005.9.26。

32. 张鹏，王亦白，《对农村集体建设用地使用权流转试点的思考》，《法学》，2006（5）。

33. 陈勇，《农村集体建设用地流转的障碍与对策》，《理论探讨》，2003（12）。

34. 徐善长，《土地市场的二元结构与政府职能转变》，《经济研究参考》，2004（68）。

35. 郭洁，《土地资源保护与民事立法研究》，法律出版社，2002。

36. 余力，《新土地变革广东先启幕，开创农地入市新格局》，《南方周末》，2005.10.4。
37. 怆然，《"时来风送滕王阁"——盘点〈广东省集体建设用地使用权流转管理办法〉引发的思潮》，《中国土地》，2005（12）。
38. 陈子雯，《集体所有建设用地使用权流转现状与思考》，《甘肃农业》，2006（1）。
39. 周其仁，《产权制度与制度变迁：中国改革的经验研究》，北京大学出版社，2004。
40. 梦奎，《中国现代化进程两大难题：城乡差距和区域差距》，《中国经济时报》2004.3.16。
41. 包永辉，陈先发，《乱征地引发无地无业之忧》，《瞭望新闻周刊》，2003（23）。
42. 卢新海，《开发区发展与土地利用》，仁海人民出版社，2004。
43. [法]孟德斯鸠，《论法的精神》(上册)，中国计划出版社，2002。
44. 陈锐雄，《民法总则新论》，台湾三民书局出版社，1982。
45. 陈新民，《宪法基本权利之基本理论》（上），台湾元照出版公司，1999。
46. 翁岳生主编，《行政法》，台湾翰芦图书出版公司，2000。
47. 马新彦，《美国财产法与判例研究》，法律出版社，2001。
48. 王名扬，《法国行政法》，中国政法大学出版社，1998。
49. 闫振华，《我国集体土地征用之弊端》，《河南商业高专科学校学报》，2001（2）。
50. [秘鲁]赫尔南多·德·索托，《资本的秘密》，江苏人民出版社，2001。
51. 班固，《汉书》，北京：中华书局，1962。
52. 臧知非，《汉唐土地、赋税制度与农民历史命运变》，《苏州大学学报（哲学社科版）》，2005（4）。
53. 王红雷，《析中国古代土地制度之演变》，《发展》，1996（2）。
54. 佟玉民，《试论党的土地革命路线的形成》，《党史研究》，1980（2）。
55. 于光远，《一年来的解放区土地改革》，《解放日报》，1947.1.1。
56. 李国祥等，《农村经济绿皮书（2004–2005）》，北京：社会科学文献出版社，2005。

57. 科斯，《社会成本问题》，上海：上海三联书店，1994。

58. 袁铖，《中国农村土地制度变迁：一个产权的视角》，《中南财经大学学报》，2006（5）。

59. 农业部计划司，《中国农村经济统计大全：1949-1986》，北京：农业出版社，1989。

60. 袁林，赵雷，《国家与产权，农业制度的绩效》，《管理与经济》，2008（3）。

61. 卢现祥，朱巧玲，《新制度经济学》，北京：北京大学出版社，2006。

62. 陈锡文，《中国的土地制度不存在私有制的问题》，《中国党政干部论坛》，（4）。

63. 胡启才，《新温州模式的特点及优势》，《江西金融职工大学学报》，2007（3）。

64. [美]道格拉斯·C.诺思，《经济史中的结构与变迁》，上海：上海人民出版社，2002。

65. 周其仁，《农地征用垄断不经济》，《中国改革》，2001（12）。

66. [美]R.科斯、A.阿尔钦、D.诺斯，《财产权利与制度变迁》，上海：上海三联书店出版社，1997。

67. [美]H.德姆塞茨，《一个研究所有制的框架》，《财产权利与制度变迁——产权学派与新制度学派译文集》，上海三联书店，1991。

68. [美]阿兰·鲁福斯·华特斯，《经济增长与产权制度》，《发展经济的革命》，上海：上海三联书店，2000。

69. [美]E.G.菲吕博腾、S.配杰威齐，《产权与经济理论——近期文献的一个综述》，《财产权利与制度变迁——产权学派与新制度学派译文集》，上海：三联书店，1991。

70. 保罗·萨缪尔森，威廉·诺德豪斯，《经济学》，北京：人民邮电出版社，（17版）。

71. 吴杰，《什么是财富》，《经济研究参考》，1997。

72. 陆学艺，《“三农”问题的核心是农民问题》，《社会科学研究》，2006（1期）。

73. 周其仁，《农民收入是一联串事件（之一）》，《二十一世纪经济报道》，2001.8.21。

74. 邓大才，《论农村资产资源产权资本化经营》，《地质技术经济管理》，2004.2。

75. 朱琴芬，《新制度经济学》，上海：华东师范大学出版社，2006。
76. 詹姆斯·斯科特著，程立显、刘建等译，《农民的道义经济学：东南亚的反抗与生存》，译林出版社，2001年版。
77. 郭于华，《“弱者的武器”与“隐藏的文本——研究农民反抗的底层视角》，《读书》，2002年第7期。
78. 何明修，《社会运动概论》，三民书局，2005。
79. 房宁，《影响当代中国的三大社会思潮》，《权利、责任与国家》，上海人民出版社，2006。
80. 任之，《当代中国民告官》，时代文艺出版社，1999。
81. 张万金，《八年的诉求：一位农民的失望与希望》，《江淮法制》，2005（4）。
82. 周作翰，张英洪，《论当代中国农民的政治权利》，《湖南师范大学社会科学学报》，2005（1）。
83. 潘盛洲，《十六届三中全会决定展现中央深化农村改革四重点》，《瞭望周刊》2003.11.20。
84. 郑杭生，《中国特色社会学理论的应用》(卷二)，中国人民大学出版社，2005。
85. 乔·萨托利著，冯克利、阎克文译，《民主新论》，东方出版社，1998。
86. 成都市农村产权制度改革试点工作办公室，《都江堰市农村产权制度改革操作与实践》，2008.6。
87. 陆学艺著，《“三农”新论——当前中国农业、农村、农民问题研究》，北京：社会科学文献出版社，2005。
88. 吴敬琏、樊纲等，《中国经济50人看三十年——回顾与分析》，北京：中国经济出版社，2008.10。
89. 杜润生，《杜润生论集》，北京：中国发展出版社，2008.8。

90. 韩俊，《中国经济改革30年（农村经济卷）》，重庆：重庆大学出版社，2008.6。

91. 温铁军，《“三农”问题与制度变迁》，北京：中国经济出版社，2009.1。

92. 董克用，《中国经济改革30年（社会保障卷）》，重庆：重庆大学出版社，2008.11。

93. 李晓西，《中国经济改革30年（市场化进程卷）》，重庆：重庆大学出版社，2008.4。

林逸夫

舒尔茨《改进传统农业》

# 后记

我文化不高，就连皮毛知识也仅仅是掌握一点点，在老师、朋友和同事们的鼓励帮助下，将自己的学习、工作体会整理成册，既是向读者请教，也是想反映一下我们这一代人自强不息的精神。经过一段时间的努力，书稿终于完成，在即将付梓之际，我要感谢吴昌宁、杨文武、张龙江、廖彦淞等同志在资料收集、文字整理方面为本书提供的帮助，正是他们的无私帮助使得我对中国农村改革的这些思考能及早与广大读者见面。特别感谢我的夫人李学彬女士和女儿梅梅长期以来的鼓励、支持和默默无闻的奉献，激励我在人生道路上不断前行。

最后，我真诚地欢迎各位读者不吝指正，以便本书再次印刷时得到修改和完善。